DIRK HESSEL

Ein Leben ohne Ich

Dirk Hessel

Ein Leben ohne Ich

Ein Leben ohne Ich

1. Auflage, 2019

Dirk Hessel
Mondsteinweg 29
33739 Bielefeld

Bibliografische Information
der Deutschen Nationalbibliothek
Die Deutsche Nationalbibliothek verzeichnet diese Publikation in der Deutschen Nationalbibliografie; detaillierte bibliografische Daten sind im Internet über http://dnb.dnb.de abrufbar.

Herstellung und Verlag:
BoD – Books on Demand, Norderstedt

ISBN Printausgabe: 978-3-7504084-0-1

FSC
www.fsc.org
MIX
Papier aus verantwortungsvollen Quellen
Paper from responsible sources
FSC® C105338

INHALTSVERZEICHNIS

VORBEMERKUNG

Dieses Buch geht mit dem in Resonanz, was du wirk h bist. Es erodiert das Ich, indem es aus verschi enen Blickwinkeln eines scheinbar individuellen seins immer wieder auf die einfache Wahrheit des ins hinweist. Hier steht nur das Sein im Fokus, we nur das Sein in diesem Moment geschieht und ni s anderes existiert.

Wenn du dich traust, alte Irrtümer loszulassen, d Raum erzeugt und es erscheint das nicht duale d deiner ursprünglichen Natur. Jetzt will nichts ehr erreicht oder verhindert werden. Das Spiel in ir und in der Welt entfaltet sich in vollkommenem Einklang, und dein Selbst erkennt sich als das eine Leben ohne Ich.

Eine (un-)persönliche Motivation

Bevor hier die Illusion eines persönlichen Ichs zerbrach, tauchten Gefühle wie Trauer, Freude, Ärger, Gelassenheit, Angst und Zuversicht in üblicher Weise auf. Scheinbar durch äußere Anlässe verursacht, waren verschiedene Gefühlszustände vorhanden, die sich lange hielten. Falls Groll da war, zog er sich manchmal über mehrere Stunden hin, auch wenn seine Stärke schnell wieder abnahm. Der natürliche Seinszustand, im ständigen Fluss zu sein, wurde jahrelang durch die Identifikation mit vorhandenen Gedanken- und Gefühlsmustern verschleiert, die einem vorzuschreiben schienen, was die richtige Weise sei, zu leben und zu fühlen. Es war ein raffiniertes, illusionäres Ich am Werk, das über alles die Kontrolle behalten wollte.

Jetzt erscheinen immer noch verschiedene innere Zustände, aber sie ebben schnell wieder ab und das Innenleben wird durchschaut. Es wird gelacht, wenn gesehen wird, welch gedanklicher Unsinn gelegentlich noch produziert wird.

Anscheinend gibt es innerhalb des Lebensspiels die Regel, dass die Gedankenflut abnimmt, sobald das illusionäre Ich durchschaut ist. So ist es hier. Es wird wenig gedacht und erscheinende Gedanken haben eine gewisse Qualität. Jetzt taucht hauptsächlich nur noch das auf, was für ein bewusstes Dasein benötigt wird. Das zwanghafte Denken und die laute Übermacht des Ego sind verschwunden. Alles wird spielerischer betrachtet, fühlt sich vertraut an und geborgen im Sein. Das Leben entfaltet sich in Leichtigkeit, und Unterstützung erscheint auf geniale Weise.

BEWUSSTSEIN

Häufig lenken uns die Aktivitäten der Welt davon ab, unsere wahre Natur zu erkennen. Wir legen unser Augenmerk auf Dinge im Außen und halten vieles für so wichtig, dass wir ständig das Gefühl haben, uns darum kümmern zu müssen. Unser unvergängliches Selbst ist verschleiert und wir können es nicht mehr fühlen.

So haben wir vergessen, was wir in Wahrheit sind, und lassen uns von gedanklichen Irrtümern vorschreiben, was wir tun sollen. Das führt zu einem Gefühl von Abgrenzung und Machtlosigkeit, und daraus resultieren Konflikte.

Glaube nicht alles, was du denkst und versuche, dich vom zwanghaften Denken zu lösen. Das gegenwärtige Geschehen gedanklich zu kommentieren, ist überflüssig, denn alles geschieht sowieso schon.

Wenn du dich regelmäßig in Stille hinsetzt und erkennst, dass die mentalen Kommentare spontan und ohne einen besonderen Grund auftauchen und mit deinem wahren Wesen nichts zu tun haben, kann sich die innere Gedankenflut verringern. Dann scheint das gegenwärtige Geschehen wieder stärker durch und du bekommst mehr vom Leben mit. Die

Welt wirkt frischer, das Essen schmeckt besser und draußen hörst du wieder die Vögel singen.

Der sogenannte Verstand beschäftigt sich gern mit Vergangenheit und Zukunft. Doch das sind nur gedankliche Geschichten, die jetzt im Bewusstsein auftauchen und deine Gegenwärtigkeit vernebeln.

Zu diesen Geschichten gesellen sich häufig Groll und Sorgen, beides Emotionen, die zu Vergangenheit und Zukunft gehören. Zusammen bilden Gedanken und Emotionen ein sehr realistisches Ichgefühl. Doch das ist nicht die absolute Realität, sondern nur ein Element des Lebensspiels, und es lenkt dich von der Wahrheit des jetzigen Moments ab.

Habe die Bereitschaft, dein eigenes Spiel zu erkennen, dich nicht mehr davon ablenken zu lassen, und du bleibst gegenwärtig. Und in tiefster Erkenntnis kannst du nur gegenwärtig sein, denn alles ist schon die Gegenwart, egal, wie sie sich präsentiert. Alles, was darin erscheint, ist gegenwärtig, und für Gegenwärtigkeit spielt es nicht einmal eine Rolle, ob sie erkannt wird oder nicht.

Die größte Qualität

Vorausgesetzt, es gäbe einen getrennten Menschen, der eine individuelle Qualität besitzt, dann wäre die größte davon die Fähigkeit zur Selbsterkenntnis.

Innerhalb des laufenden Lebensspiels scheinen einige Charaktere zu erkennen, dass sie keine unabhängige Person sind: Es gibt kein »Ich«, das etwas tun oder erreichen könnte. Diesem Erkenntnisprozess scheint meist eine Entwicklung vorauszugehen, das Bestreben oder die Suche danach, die eigene wahre Natur zu entdecken.

Hier und da wird also gelegentlich erkannt, dass eine Art Spiel abläuft, trotzdem kann es nicht einfach so verlassen werden. Daher bleibt uns nichts anderes übrig, als mitzuspielen und so zu tun, »als ob« wir das gegenwärtig ablaufende Geschehen beeinflussen könnten. Weil in Wahrheit alles auf Autopilot läuft, kann es im Leben schließlich zu Entspannung kommen, und Themen wie »Verantwortung« oder »Moral« verlieren an Schwere.

Die Erkenntnis, dass hier niemand Persönliches drin steckt, führt bald zur Einsicht, dass auch dort gegenüber niemand anwesend ist. Und diese zunächst vielleicht merkwürdige Erkenntnis enthüllt eine mitfühlende, verbundene und friedfertige geistige Haltung, die herausragendste Qualität im menschlichen Dasein.

Maya

Manchmal begegnet uns in spiritueller Literatur der Begriff »Maya«. Mit »Maya« ist aber keine kleine Biene gemeint (sie schreibt sich übrigens mit »j«), sondern die hier ablaufende Illusion der Trennung. Im Gewahrseinsraum tauchen viele scheinbar voneinander getrennte Elemente auf: dieser Planet, Berge, Meere, Gebäude, Menschen, Tiere, Bienen, Mineralien, Feinstoffliches, Gedanken, Gefühle usw. Dennoch sind sie nur Erscheinungsformen des All-Einen, des Seins.

In genialer Weise scheinen diese Elemente miteinander zu agieren, voneinander unabhängig zu sein oder in einem Ursache-Wirkung-Verhältnis miteinander zu stehen. Dieses Geschehen kann scheinbar von einem persönlichen »Ich« wahrgenommen und beeinflusst werden, das ein unabhängiges Schicksal hat.

Doch das gesamte Geschehen wird zeitlos von dem einen Sein gemacht, anders gesagt, das Sein ist das Ganze selbst.

Es funktioniert wie ein großes Bühnenschaustück, in dem verschiedene Schauspieler herumlaufen, die ihre eingenommenen Rollen für sich selbst halten. Nur selten wird durch einen dieser Charaktere erkannt, dass sich alles nur um ein großes Schauspiel handelt und alle Teilnehmer nur Fragmente dieser genialen Illusion sind. Dieses Durchschauen wird manchmal »Erwachen« oder »Erleuchtung« genannt. Jedoch ist es nicht so, dass eine Person Erleuchtung erfahren kann, sondern das Leben, das Sein, erkennt durch den menschlichen Körper, dass es keine Person ist. Das Sein erkennt sich selbst als Sein. Eine vom Sein getrennte Person kann nicht erwachen und nicht erleuchtet sein, weil sie nicht existiert.

Doch das wird oft behauptet, und dieser Irrtum beruht auf der Fehlidentifikation des Lebens mit einer scheinbaren Person. Das ist das Spiel Maya in seiner reinsten Form.

Realität

Das, was ist, ist real, weil es da ist. Wenn erkannt wird, dass Gedanken, innere Bilder und Gefühle Inhalte des Gewahrseins sind, die immer nur in der Gegenwart auftauchen, löst sich der Glauben an eine Vergangenheit, an eine Zukunft und an Orte auf, die angeblich jetzt woanders existieren. Das ist nur schwer zu akzeptieren, aber es ist direkt zu sehen. Hierbei gilt es allerdings zu beachten, dass alle Gewahrseinsinhalte nicht die letztendliche Wirklichkeit sind, weil sie wieder vergehen. Der unmanifestierte Urgrund des Seins, aus dem alle Inhalte entstehen, ist die eine, nicht greifbare und unsterbliche Essenz.

Angenommen, du wärest blind. Dann würdest du wahrscheinlich sagen, dass deine Wahrnehmung anders ist als meine. Von deiner Warte her betrachtet stimmt das, denn diese Wahrnehmung ist »deine« Realität. Von hier aus betrachtet taucht allerdings nur ein Charakter im Spiel des Seins auf, aus dessen Mund die Worte kommen: »Ich nehme anders wahr als du.« Doch nur eine Wahrnehmung ist Realität, sie ist das, was jetzt im und als Bewusstsein erscheint. Alles andere sind unüberprüfbare Vermutungen.

Abgelenkt von unserem Innenleben sind wir von dem Vorhandensein von Zeit überzeugt und der Möglichkeit, das Hier und Jetzt verlassen zu können. Doch egal, wohin wir gehen, es ist überall nur hier und jetzt. Parallel zu dem, was jetzt stattfindet, gibt es kein weiteres spirituelles Reich, in das du gelangen könntest, denn alles geschieht nur in der Gegenwart.

Das Geniale am Spiel Maya liegt in dessen Fähigkeit, vorgaukeln zu können, dass es jenseits der Gegenwart noch weitere Realitäten gibt. Und es wird noch unfassbarer: Wenn sich die Gegenwart umkonfiguriert, zum Beispiel dann, wenn du in den Keller gehst, um ein Glas Gurken zu holen, geschieht in Wahrheit nichts. Aber eine scheinbare Person glaubt, sie gehe die Treppen hinunter und würde sich bewegen. Nur die gegenwärtigen Erscheinungen sind Realität und meist gaukeln sie Bewegung vor. Doch es bewegt sich nichts von hier nach dort. Es fühlt sich nur so an. Diese tiefe Wahrheit ist mit dem Verstand nicht zu begreifen. Bewegungen sind nur innere Bilder, die perfekt passend zur Situation im jetzigen Moment erscheinen.

Wir sind nirgendwo hergekommen und nirgendwohin gegangen, denn es gibt kein anderes Jetzt, das in der Vergangenheit liegt. Es gibt nur die zeit-

und raumlose Gegenwart. Du bist ein präsentes Bewusstseinsfeld.

Auf praktischer Ebene kannst du jetzt mit dieser tiefen Erkenntnis vielleicht noch nicht viel anfangen. Doch sobald du durch Selbsterforschung erkennst, dass es so ist, erlangst du wesentlich mehr Leichtigkeit. Viele Situationen werden als Spiel des Lebens durchschaut, und du nimmst alles nicht mehr so ernst. Endlich kann frei mitgespielt werden.

Ich-Erfahrung

Ein Ich kann keine Erfahrungen machen. Das Ich, von dem geglaubt wird, dass es existiert, und das wir meist für real empfinden, ist nur ein Gedanke. Dieser Ich-Gedanke taucht samt Gefühlen als Erfahrung im Gewahrsein auf und kann selbst keine Erfahrungen machen.

Ein kleines Gleichnis: Die Zeile eines Buches (das illusionäre Ich) kann keine anderen Zeilen erfahren. Nur der Leser des Buches (das Bewusstsein) kann den Inhalt erfahren. Um es noch deutlicher auszudrücken: Du erfährst nicht das Bewusstsein, sondern das Bewusstsein erfährt verschiedene Inhalte, unter anderem auch ein scheinbares Ich, in Form eines auftauchenden Ichgefühls und den dazu passenden Gedanken.

Zudem existieren keine »Anderen«. Es sind nur Erscheinungen im gegenwärtigen, zeitlosen Moment. Auch wenn es sich vielleicht etwas seltsam anhört: Es ist nur eine ungeprüfte Annahme, dass »dort drüben« auch gefühlt, gedacht und erfahren wird. In der Person dort drüben ist niemand drin, der denken, fühlen oder erfahren könnte, selbst, wenn es so scheint.

Die einzigen Gedanken, die es gibt, sind die, die gerade jetzt auftauchen. Das Ganze, mit seinen erscheinenden Menschen, Tieren, Häusern, Autos, Pflanzen, der Natur, Gedanken und Gefühlen, ist das Spiel, das wegen seiner ungeheuren Genialität und magnetischen Anziehungskraft nur selten vollständig durchschaut wird.

Das eine Bewusstsein erfährt sich selbst als alles. Warum das so ist, ist ein Mysterium.

Niemand da

Der eine Ozean glaubt für eine Weile, nur eine kleine Welle zu sein. Doch der Ozean hat die Welle selbst erschaffen und dann seine grenzenlose Ganzheit vergessen. Das bedeutet: Das Sein fokussiert sich auf einen kleinen, menschlichen Körperorganismus und die darin auftauchenden Ich-Gedanken und Gefühle. Für eine Weile ist es wie hypnotisiert von dem selbst erschaffenen, raffinierten Geschehen. Ich-Gedanken erscheinen einfach so und das Bewusstsein glaubt für eine Weile, nur noch dieses kleine Ich zu sein.

Das ist die ganze Illusion. Sie ist ein Irrtum und wirkt wie eine starke Droge. Es gibt kein »Du« oder »Ich«. Es ist keine Person vorhanden. Das eine

Leben betrachtet das gesamte Geschehen. Oder noch genauer ausgedrückt: Sein geschieht in diesem Moment und Wahrnehmen findet statt, ohne einen persönlichen Aspekt. Nichts macht dich zum »Du«, weil es dich nicht gibt. Selbst, wenn es sich anders anfühlt.

Die Tomate auf dem Teller

Setze dich für einen Moment in Ruhe hin, wo du dich wohlfühlst und ungestört bist. Nimm eine achtsame und wache Haltung ein, so wie eine Katze, die geduldig und aufmerksam vor dem Mauseloch sitzt und abwartet. Beobachte deine Gedanken, wie sie kommen und gehen und bewerte sie nicht. Sei wie ein stiller Zeuge.

Schließe die Augen und frage dich innerlich: »Woher kommen meine Gedanken?« Warte ab. Vielleicht tauchen zunächst weitere Gedanken auf. Sie sind nicht die wahre Antwort auf deine Frage. Frage dich nun: »Woher kommen diese Gedanken?« und warte wieder ab, was geschieht. Womöglich erscheint jetzt ein Moment gedankenloser Stille in dir.

Diese lebendige Stille ist die Antwort auf deine Frage. Alle Gedanken kommen aus dieser Stille. Suchst du den Denker in dir, findest du niemanden. Da ist kein kleiner Maschinist, kein Ich, das Gedanken produziert. Gedanken erscheinen, aber kein »Ich« hat sie erschaffen. Das »Ich« ist selbst nur ein Gedanke. Du bist nur ein Gedanke. Das Leben, Sein oder Bewusstsein kreiert Gedanken in dieser Körperform, für die

wir uns vielleicht halten. Die Gedanken werden gemacht und erscheinen aus der Stille, ohne einen Grund, den wir kennen oder verstehen könnten.
Doch du bist nicht nur eine Kombination aus Körper und Gedanken. Du bist das, was alles erschafft, fühlt und bezeugt. Du bist das stille Bewusstsein, samt aller darin erscheinenden Inhalte.

Und dieses stille Bewusstsein ist gleichzeitig auch der Beobachter der Gedanken. Wenn du einen bestimmten Satz denkst, zum Beispiel: »Die Tomate liegt auf dem Teller«, so tauchen in dir entweder dieser Satz in Buchstabenform oder vielleicht das Bild einer roten Tomate auf. Das Wahrnehmen des Auftauchens dieser Inhalte findet statt.
Du bist aber nicht nur die Inhalte, sondern auch dasjenige, das wahrnimmt.

Wenn sich die Aufmerksamkeit von den Inhalten löst und sich wieder dem stillen Beobachter zuwendet, werden viele auftauchende Inhalte nicht mehr so ernst genommen. Denn wir denken nicht nur neutrale Gedanken, wie »Die Tomate liegt auf dem Teller« oder »Draußen scheint die Sonne«, sondern es tauchen überwiegend ichbezogene Gedanken auf, wie zum Beispiel: »Ich weiß nicht, was ich tun soll«, oder »Ich muss es unbedingt schaffen.«

Diese Ich-Sätze sind genauso bedeutungslos wie der Satz mit der Tomate, allerdings üben sie auf das Bewusstsein eine viel größere Anziehungskraft aus und wirken dadurch wesentlich wichtiger und glaubwürdiger. Das Bewusstsein klebt sich mit Vorliebe auf diese Ich-Sätze, zieht sich dadurch zusammen und glaubt, nur noch dieses kleine, gedankliche Ich in Form einer Person zu sein. Das erschafft erhebliches Leid und ist das hier ablaufende Spiel des Lebens.

Richte die Aufmerksamkeit wieder auf die Aufmerksamkeit selbst, auf das Wahrnehmende, das du bist. Vielleicht fühlt sich das zunächst etwas merkwürdig an, aber es ist möglich.

Und dann kann sich deine wahre Natur von vielen gedanklichen Vorstellungen befreien und aus dem Traum erwachen, nur ein kleines, zerbrechliches Ich zu sein.

Gedanken in der Gegenwart

Wenn uns ein Mann mit einer gelben Jacke auf dem Bürgersteig entgegenkommt, denken wir vielleicht: »Oh, was ist das für eine schöne, gelbe Jacke.« Aber wozu wird das gedacht? Die Jacke ist auch ohne unseren gedanklichen Kommentar gelb. Doch wir Menschen sind darauf konditioniert, die Gegenwart ständig in Gedanken zu kommentieren und mit Begriffen zu versehen. Dadurch wird das Gefühl der Einheit zerrissen und in unzählige mentale Fragmente zerlegt.

Schaue dich jetzt um, dort wo du dich gerade befindest und lasse deinen Blick durch die Gegend schweifen. Versuche, nur für ein paar Sekunden, nichts von dem, was du jetzt siehst, gedanklich mit Begriffen zu versehen. Beobachte deine Umwelt, innerlich vollkommen still.

Du wirst bemerken, dass es nicht einfach ist, die Gegenwart in geistiger Ruhe zu betrachten. Das illusionäre Ich, unser Gedankenapparat, will ständig denken, denn tut er das nicht, ist er tot. Und so hält er an seinen überflüssigen Gedanken fest, um sein Überleben zu sichern. Mit etwas Erfahrung wirst du feststellen, dass du auch ohne gedankliche Kommentare wunderbar leben kannst.

Wenn diese Übung der geistigen Stille öfter durchgeführt wird, gibt es zunächst vielleicht inneren Widerstand und ein Gefühl der Unruhe, doch mit der Zeit kann der Geist klarer werden, und es wird nur noch gedacht, wenn es notwendig ist. Ich weise an dieser Stelle noch einmal darauf hin, dass wir nichts tun können, aber wenn so getan wird, »als ob« wir etwas tun, geschieht es.

Nichts bewirkt etwas

Wenn du an einen bestimmten Menschen denkst, den du kennst, kann es sein, dass sich bei dir Wohlwollen zeigt, Freude, Trauer, Ablehnung oder etwas anderes.

Meist glauben wir, dass der Gedanke an einen bestimmten Menschen Gefühle in uns auslöst, weil wir in einer bestimmten Beziehung zu ihm stehen. Manchmal erscheint es aber auch so, dass wir grundlos verstimmt sind, und wenn wir dann an jemanden oder eine Situation denken, sich die Gedanken noch vermehren und verstärken.

So scheinen sich Gedanken und Emotionen gegenseitig zu beeinflussen und zu verstärken. Doch das ist nicht so. Gedanken und Emotionen bedingen sich nicht, verstärken sich nicht und beeinflussen sich nicht, weil sie gleichzeitig (in der Dualität gibt es leider kein besseres Wort) im zeitlosen Jetzt gemacht werden.

Ich weise immer wieder darauf hin, dass es weder Ursache noch Wirkung gibt, weil keine Zeit existiert. Das ist nur schwer nachzuvollziehen, denn hier auf dieser oberflächlichen Ebene des Daseins scheint alles von Zeit abhängig zu sein und von ihr beeinflusst zu werden. Doch das Sein ist das eine zeitlose Spiel, das man nicht objektivieren kann. Es ist nichts, das zu begreifen oder in bestimmte Kategorien zu pressen ist. Es existiert nur das Geschehen an sich, wie ein zeit- und grenzenloses Verb. Das ist das tiefste Erkennen.

Der sogenannte Verstand, der nur aus Gedanken besteht, liebt Kompliziertheit und scheint für alles eine Begründung haben zu wollen. Eine scheinbare Person möchte etwas wissen und fühlt sich verkleinert, wenn bestimmte Gedanken wegfallen. Das illusionäre Ich besteht nur aus Gedanken, und ohne eine wuchernde Komplexität würde es in seiner Substanz schrumpfen. Die Todesangst des Ego würde noch stärker erscheinen, und so liebt es Fragen und Antworten. Auf diese Weise bleibt das Lebensspiel am Laufen.

An dieser Stelle ist es vielleicht hilfreich, sich selbst folgende Frage zu stellen: »Was ist es, das all dies wissen will?« Durch diese Frage lenkt sich die Aufmerksamkeit auf den Fragenden oder noch genauer ausgedrückt, auf *das Fragende*. Schnell würde festgestellt werden, dass da niemand ist und keine getrennten Personen existieren. Alles läuft auf Autopilot und nichts bewirkt irgendetwas, denn alles wird vom Sein gemacht.

Gedanken beeinflussen

Obwohl in vielen Büchern zu lesen ist, dass man sein Denken beeinflussen kann, hat das nichts mit deiner wahren Natur zu tun. Du bist nur ein Gedanke. Wie könnte ein Gedanke einen anderen Gedanken beeinflussen? Das Leben stellt den Gedankenfluss bereit und bestimmt über dessen Inhalt, Menge und Qualität. Wann und welche gedanklichen Inhalte auftauchen, hat ein »Ich« nicht in der Hand. Etliche Inhalte scheinen einen persönlichen Ichbezug zu haben und lösen im Körper passende und überzeugende Emotionen aus. Erkenne: Das »Ich« und der sogenannte Verstand sind gleichrangig, denn beides sind nur Gedanken.

Der Glaube des Seins an den Gedanken »Ich denke« scheint eine Aufspaltung in ein aktiv handelndes »Ich« und den passiven Inhalt, das Thema der Gedanken, zu erzeugen. Durch eine Personifizierung der ichbezogenen Gedanken wird eine persönliche Handlungsmöglichkeit vorgegaukelt. Dies erzeugt eine scheinbare Spaltung des Geistes, ein illusionäres Ichgefühl, an welches das Bewusstsein für eine Weile glaubt: das Ego. Hier liegt die Identifikation des Lebens mit einer Person vor, die zu glauben scheint, dass sie etwas tun könne. Doch du kannst nichts tun, weil dort niemand ist, der etwas tun kann.

Das eine Leben (das Sein, das Bewusstsein) heftet sich für eine Zeit an eine kleine Seifenblase und glaubt, sie zu sein. Wenn dann eine Auflösung dieser Illusion erfolgt, geht das meist mit Angst und Abwehr einher. Die Seifenblase will nicht platzen – das ist die Todesangst des Ego.

Doch wenn das illusionäre Ich stirbt, ist das nicht schlimm, weil dann gesehen wird, dass deine wahre Natur unvergänglich ist. Du, das, was du in Wahrheit bist, bist unsterblich. Und eine persönliche Bezeichnung ist hier nicht einmal nötig, weil das Sein alles ist und ohne eine persönliche Eigenschaft funktioniert.

Plötzlich warst du auf dieser Welt und nun willst du irgendetwas beeinflussen? Kannst du beeinflussen, wann dieser Körper wieder zerfällt oder das Bewusstsein sich wieder zurückzieht und gar nichts mehr ist? Es ist ein kosmischer Witz, den das Leben selbst erschaffen hat und auf den es selbst immer wieder hereinfällt. Gedanken kommen und gehen, und wenn es keine Gedanken gibt, gibt es auch kein Ich, sondern das Leben findet ungefiltert statt. Alles geschieht, wie es geschieht und du kannst nichts tun. Das alles ist das große Spiel. Vielleicht gibt es ein durchdringendes Erkennen dieses Spiels und es taucht ein Gefühl von Freiheit auf, weil die Last entfällt, etwas tun zu müssen. Das zwanghafte Denken löst sich auf, es herrscht angenehme Stille und Sein geschieht in diesem Moment. Aber ein »Ich« ist nicht daran beteiligt.

GEFÜHLE

Sind wir nervös, haben wir Angst. Liegen wir im Streit, haben wir Angst. Wollen wir in einer wichtigen Situation für uns einstehen, haben wir Angst. Es ist immer die Todesangst des Ego, die in verschiedenen Verkleidungen und Intensitäten auftaucht.

Zusätzlich zur Identifikation mit dem Gedankengebilde »Ich« besteht eine innige Verbundenheit zu unserem Körper und das Wissen um seine Vergänglichkeit. Diese Abhängigkeiten verstärken unsere Furcht vor dem Tod in hohem Maß.

Manchmal geht es uns schlecht, weil wir nicht wissen, was uns nach unserem vermeintlichen Tod erwartet. Insgeheim hält sich das Ego für unwürdig, die »göttliche Erlösung« verdient zu haben, weil es anscheinend mit der wahren Natur – dem Sein selbst – im Streit liegt. Trotzdem hoffen wir angespannt, dass wir nach unserem Ableben nicht in das ewige Verderben hinunter gerissen werden.

Das, was wir Erlösung nennen, verursacht gleichzeitig bei uns Angst, denn Erlösung und Tod bedeuten in unserem Denksystem dasselbe. Das Leben, unsere wahre Natur, erscheint uns häufig wie ein bedrohliches Szenario. Deshalb hoffen wir wenigstens auf eine 50:50-Chance, nach unserem vermeintlichen Tod in ein unbeschwertes Dasein überzugehen. Wir wollen unsere Angst vor dem Leben gegen unsere Angst vor dem Tod eintauschen.

Hier liegt eine Art Irrsinn vor, der sich hinter einem vom Ego gesteuerten Glauben verbirgt. Der Glaube an einen von uns getrennten Gott kann uns in einem Leben gefangen halten, das aus Hoffnung und gleichviel Furcht besteht. Ist dir schon aufgefallen, dass Hoffnung ein trügerisches Wort ist, weil es die Befürchtung enthält, dass sich eben diese Hoffnung nicht erfüllt? Wenn Hoffnung ohne Angst daherkäme, hieße sie Zuversicht.

Ohne es zu bemerken, wurden viele Menschen durch ihre Religion traumatisiert und halten diesen Zustand nun für normal oder sogar erstrebenswert. Und in ihren Augen ist ihr Glaube das einzig Wahre. Doch durch diese Abgrenzung werden Angst und trennendes Denken gefördert und wahre Verbundenheit verhindert. An durch Institutionen vorgegebene Glaubenssätze gebunden zu sein, bedeutet, an das verrückte kollektive Ego gebunden zu sein, das Einheit als Bedrohung betrachtet.

In anderen Worten, das Ego hat Angst vor der verbindenden Kraft der Liebe, dem Einzigen, was die Angst dauerhaft beseitigen kann. Es ist wie ein absurder Teufelskreis, der erst beim Durchschauen der Illusion vollständig durchbrochen werden kann. Bei einem Angstanfall ist die Todesangst (= Lebensangst) des illusionären Ichs im Spiel. Doch das, was du wirklich bist, kann nicht sterben. Du bist das Leben selbst. Das, was du zurzeit, wahrscheinlich unbewusst, noch fürchtest und ablehnst, ist dein einzig wirklicher und beständiger Hafen des Friedens.

Häufig liegt eine gedankliche Verwechslung vor, die behauptet, dass Tod das Gegenteil von Leben sei. Aber Tod ist nicht das Gegenteil von Leben, weil Leben kein Gegenteil hat. Tod ist das Gegenteil von Geburt.

Innerhalb des einen Lebens erscheinen viele Formen. Sie werden geboren und sterben innerhalb des einen Lebens, das unsterblich ist. Aber du bist nicht nur eine Form, die kommt und geht, sondern du bist das Sein, das alle Formen erschafft und sich als Formen hier zeigt. Solange der Nebel einer scheinbaren Person das Licht deiner wahren Natur verdeckt, kann die eigene Unsterblichkeit weder erkannt noch gefühlt werden.

Die eine Essenz ist liebevoll, und du bist die Liebe selbst. Ist sie verschleiert, erscheint Angst. Angst ist die Abwesenheit von Liebe, so wie Dunkelheit einfach nur die Abwesenheit von Licht ist. Das Licht ist aber nicht vollkommen verschwunden oder verloren, es ist nur verdeckt und kann wieder aufgedeckt werden.

Unter der dichten Decke aller scheinbar negativen Gefühle, wie Angst, Wut oder Trauer, liegt immer die Freude des Daseins. Sie erscheint, wenn du dir nach dem Durchdringen der vielen Egoschichten deiner wahren Natur bewusst wirst. Es ist ein tief befriedigendes und sehr lebendiges Gefühl, das dir zeigt, was du bist: das eine Leben, das sich wiedergefunden hat. Es ist ein großes Glück, dass du kein kleiner sterblicher Mensch bist, sondern das unsterbliche Sein. Das wiederzuerkennen, fühlt sich an wie bedingungslose Liebe, die sich selbst umschließt. Es ist das Glücksgefühl des erkannten, klaren Lebens.

Allen Ängsten liegt die Fehlidentifikation mit einem scheinbar vorhandenen, angreifbaren und sterblichen Ich zugrunde. Doch du brauchst dich nicht zu fürchten, weil du das unsterbliche Leben bist. Wenn Angst kommt, weiche ihr nicht aus, dränge sie nicht weg, sondern gehe mitten durch sie hindurch, indem du sie fühlst. Mache nichts mit der Angst, sondern beobachte sie wie ein Kind mit spielerischem Interesse. Du wirst nicht daran sterben, denn du bist unsterblich. Vielleicht stirbt die Identifikation mit dem illusionären Ich – dem Ego. Aber das ist nicht schlimm, im Gegenteil, denn dann brauchst du diese Zeilen nicht mehr weiter zu lesen und kannst stattdessen einen Kaffee trinken gehen. Und egal, was passiert, und ob der Kaffee schmeckt oder nicht: Das Leben, das du bist, lebt weiter.

Selbstmitleid

Selbstmitleid setzt sich zusammen aus Groll über die Vergangenheit, dem Nicht-Akzeptieren dessen, was jetzt ist und aus Sorgen über die Zukunft. Ein Gedanke taucht auf und behauptet, dass es dir aus diesem oder jenem Grund schlecht geht. Vielleicht sagt der Gedanke: »Niemand sieht mich.« Und in gewisser Weise stimmt das sogar, denn dieser Gedanke taucht in deinem Gewahrseinsfeld auf und wird nur von dir gesehen, dem Einzigen, das existiert.

Sich selbst zu bemitleiden, ist eine weitere Variante des tiefen Glaubens an die Trennung. Die Person, für die du dich hältst, fühlt sich missverstanden, ungerecht behandelt, nicht geliebt und vielleicht auch nicht erwünscht. Die Dinge laufen nicht so, wie du es dir vorstellst und das erzeugt in dir einen Schmerz. Doch hier liegt ein großer Irrtum vor, weil alles nur so sein kann, wie es bereits ist. Die Wirklichkeit der Gegenwart lässt sich nicht durch anderslautende Gedanken oder Wünsche verbiegen.

Häufig befinden wir uns in Situationen, die uns unangenehm sind. Ein praktischer Tipp lautet: Verändere die Situation, wenn du kannst oder verlasse sie. Wenn auch das nicht möglich ist, akzeptiere sie voll und ganz, wie sie ist. Wenn du eine vorhandene Situation nicht ändern kannst und dazu noch leidvolle Gedanken erscheinen, vervielfacht sich die seelische Last. Nicht die Situation ist verantwortlich für das persönliche Leid, sondern die falsche Überzeugung, die Situation müsse anders sein. So entsteht ein innerer Spagat zwischen deiner Gedankenwelt und der im Außen erscheinenden Realität.

Wir wissen nicht, was warum geschieht. Alles wird vom Sein gemacht, und unsere Aufgabe ist es, das Beste daraus zu machen. Hier hilft die Erkenntnis, dass nur die Gegenwart existiert und sonst nichts. Jetzt hast du die Wahl, das Sein zu akzeptieren und zu lieben oder es abzulehnen. Was zu bevorzugen ist, ist offensichtlich. Aber selbst diese scheinbare Wahlmöglichkeit wird vom Sein gemacht, denn ein persönliches »Ich« kann nichts tun.

Wenn wir uns hier als gedankliches Modell einen Erste-Hilfe-Kasten vorstellen, wäre es nicht hilfreich, auf ein Problem, das von einem illusionären Ich erzeugt wird, mit einem Pflaster aus dem Erste-Hilfe-Kasten derselben Illusion zu reagieren. Das Resultat wäre nur eine weitere Verstärkung der Illusion. Eine Seifenblase mit einer anderen Seifenblase zu behandeln, ist verrückt. Es gilt zu erkennen, dass es keine Seifenblase gibt, die ein eigenes, persönliches Problem haben kann. Ist die Identifikation mit dieser scheinbaren Persönlichkeit aufgelöst, entfallen viele Probleme.

Das bedeutet nicht, dass uns das Leben dann keine weiteren Herausforderungen mehr stellt. Das tut es weiterhin, weil es die Essenz des Lebensspiels ist. Doch nun betrachten wir alle Situationen als Herausforderung und nicht mehr als ein Problem, das gelöst werden muss.

Schaue jetzt genau hin. Wenn du keinen starken körperlichen Schmerz empfindest, worin besteht dann dein gegenwärtiges Leid? Ist es wirklich konkret vorhanden oder sind es nur Gedanken und Gefühlsmuster, die dich quälen? Scheint gerade draußen die Sonne oder ist es wolkig? Was ist wirklich in diesem Moment?

Glaubst du, dass innere Vorstellungen deine wahre Natur davon abhalten könnten, sich selbst zu verwirklichen? Ein wesentlicher Lebensumschwung hin zu Zufriedenheit und Gelassenheit ist möglich, obwohl Gedanken auftauchen, die das Gegenteil behaupten. Was hält dich davon ab, deine Gedanken nicht mehr so ernst zu nehmen und ab jetzt das zu tun, was du wirklich willst? Niemand hat dir jemals etwas angetan oder trägt eine Schuld. Das eine Bewusstsein, das du bist, ist lediglich abgelenkt von extrem faszinierenden Inhalten, die womöglich eine gewisse Schwere in sich tragen. Dennoch sind sie nicht die letztendliche Wirklichkeit.

Die Wahrheit ist das eine Leben, das du bist. Darin taucht alles auf, in jeder Form. Freue dich darüber, dass du an diesem vielfältigen Spektakel teilhaben darfst, denn das ist nicht selbstverständlich. Das Leben hat es offensichtlich als notwendig erachtet, sich auch als dich zu manifestieren. So wichtig und wertvoll bist du. Leg jetzt los und mache mit beim Spiel des Lebens. Alles geschieht nur für dich.

Bedauern, Scham und Schuld

Bedauern, Scham und Schuld sind Emotionen, die auf eine sogenannte Vergangenheit hinweisen. Angeblich ist in der Vergangenheit etwas geschehen, was aus deiner Sicht nicht hätte geschehen sollen. Vielleicht hast du jemanden verletzt, etwas unternommen oder unterlassen, das du besser nicht getan hättest, oder du wirfst dir eine andere Verfehlung vor.

Vielleicht glaubst du auch, dass du die Lebensverantwortung anderer Menschen mittragen musst, damit es ihnen besser geht. Das funktioniert aber nicht und so fühlst du dich schuldig an deren Misere.

Es gibt diverse Gründe, weshalb das illusionäre Ich etwas bedauert, sich schämt oder schuldig fühlt. Doch dabei wird wieder einmal die wesentliche Wahrheit übersehen: Es existiert keine Vergangenheit, in der du etwas angerichtet oder unterlassen haben könntest, weil es keine Zeit gibt. Die von dir genannten Emotionen tauchen vom Sein gemacht einfach im gegenwärtigen Bewusstseinsfeld auf, zeitgleich mit körperlichen Reaktionen, die deine Geschichte glaubhaft zu unterstützen scheinen. Das eine existierende Bewusstsein wird von diesem faszinierenden Geschehen abgelenkt und wie durch einen Strohhalm eingeengt auf eine gedankliche und emotionale Bilderwelt fokussiert. Die Emotionen Bedauern, Scham und Schuld tauchen auf und gaukeln eine andere Realitätsebene vor. Sie sind wie Magier, die die gesamte Aufmerksamkeit auf sich ziehen. Als gleichberechtigte Elemente des Lebensspiels werden sie aber meist negativer bewertet als andere Bestandteile, wie zum Beispiel Stolz, Selbstzufriedenheit oder das Empfinden von Lust. Der Zweck aller Erscheinungen ist aber nur, das Spiel am Laufen zu halten.

Es gibt keine qualitativen Unterschiede der jeweiligen Spielelemente. Das Leben stellt sich in vielen Facetten dar, erfährt sich als alles und bewertet nichts. Es ist das, was ist. Auf der menschlichen Daseinsebene sind solche scheinbar negativen Emotionen manchmal sehr quälend. Man könnte sagen, dass dann ein Energiefeld von dir Besitz ergriffen hat, dessen Auflösung dir Erleichterung bringen würde. Wenn du erkennst, dass es keinen »Anderen« gibt, der dir etwas angetan hat oder dem du etwas angetan hast, kann sich die Illusion auflösen. Alles ist eins, und spricht und handelt nur mit sich selbst. Trennung existiert nicht, denn du bist alles. Und dabei existiert noch nicht einmal ein »Du«.

Vergib dir selbst den Irrtum, dass du von etwas getrennt sein könntest. Leid und Herausforderungen dienen nur dazu, Reibungsflächen zu bieten, damit du aus dem Traum der Trennung erwachen kannst. Sie sind wie Lehrer für dich. Wird das erkannt, haben alle sogenannten leidvollen Emotionen ihren Zweck erfüllt.

Mitgefühl

Vielleicht hast du ein schlechtes Gewissen, weil du deinen eigenen Ansprüchen nicht gerecht wirst, ein gütiger und mitfühlender Mensch zu sein. Doch egal, was du tust oder unterlässt, alles wird vom Sein gemacht. Das Leben läuft auf Autopilot und davon ist auch das Ich betroffen, für das du dich vielleicht noch hältst. Diese Worte erzeugen vielleicht Abwehr, weil die scheinbare Person autonom sein will. Aber du bist nicht autonom, denn das Leben steuert uns und wir nicht das Leben. Der Ozean erschafft die Wellen und irgendwann verschwinden sie wieder in ihm. Die scheinbar einzelne Welle kann sich nicht unabhängig und individuell ausrichten in der vollkommenen Verbundenheit des Seins.

Darum mache dir nicht zu viele Gedanken darüber, ob du dich mitfühlend genug verhältst. Du kannst nicht entscheiden, ob du links oder rechts herum gehen willst oder ob sich dein linker oder rechter Arm hebt.

Genauso wenig weißt du, was dein Tun oder dein Unterlassen bewirken würde. Vielleicht würde das Eurostück, das du dem Obdachlosen gegeben hättest, zu einer Verkettung von tragischen Umständen führen, die wir uns nicht vorstellen können. Diese Erkenntnis soll natürlich nicht dazu verleiten, zu einem Geizhals zu werden oder wohltätige Motive zurückzustellen. Trotzdem wird alles vom Sein gemacht, auch die zu den Körperaktionen passenden Gedanken und Gefühle sowie jene, die im Gegensatz zur Realität zu stehen scheinen.

Mache dir keine Sorgen über dein Tun, du bist schon jetzt der perfekte Ausdruck des Lebens, egal ob das gesehen wird oder nicht.

Neuorientierung

Eines Tages, während eines Meetings in meinem damaligen Managerdasein, sagte eine innere Stimme zu mir: »Was machst du hier eigentlich, und was interessiert dich das Ganze?«

Die Antwort war klar. Ich fühlte mich nicht mehr wohl, war ausgelaugt und befand mich, aus relativer Perspektive betrachtet, beruflich an der falschen Stelle. (Natürlich sollte alles genauso sein, wie es war, aber diese Erkenntnis kam erst später.) Ich kündigte meinen gut bezahlten Job und tauschte ihn gegen ein unbezahltes Praktikum bei einer Fernsehproduktion ein. Dieser erste Schritt, hin zu mehr privater und beruflicher Freiheit, fühlte sich richtig an, egal was die Zweifler im Außen sagten. Im Laufe der Zeit danach fügte sich alles zu einem sinnvollen Ganzen. Diese Geschichte soll keine Handlungsanleitung darstellen, sondern hier geht es darum, in dich hineinzuspüren und zu erkennen, für wen oder was du so lebst und handelst, wie du es gerade tust. Damals war es nicht meine wirkliche Motivation, viel Geld zu verdienen, sondern meinen Vater mit meinem beruflichen Erfolg stolz zu machen. Den hat das aber nicht interessiert, sondern nur ich habe geglaubt, dass es wichtig für ihn sei. Der Irrtum und Antreiber, der die Menschen in Krankheit, Depressionen und erschöpfte Verzweiflung führt, liegt einzig und allein in einem selbst.

Finde heraus, was dich ungesund antreibt. Wenn du dich in einer Situation befindest, in der du dich unwohl fühlst, hast du drei gesunde Handlungsmöglichkeiten. Verändere die Situation, wenn du kannst oder verlasse sie. Wenn das nicht geht, akzeptiere sie genauso, wie sie ist.

Ein Weg, um Ängste und Depressionen wieder loszuwerden, ist die Bereitschaft, sich den Gefühlen, die wahrscheinlich seit der Kindheit nicht angeschaut wurden, vorbehaltlos zu stellen und sie zu fühlen. Vieles wurde und wird unterdrückt, das Leben wird als oft schwer empfunden und scheint manchmal keinen Sinn mehr zu ergeben. In einem solchen Fall empfehle ich, sich in die Hände einer bewussten Behandlerin oder eines bewussten Behandlers zu begeben, die psychotherapeutisch und ganzheitlich ausgerichtet sind. Lasse dich bei der Wahl hauptsächlich von deinem Gefühl leiten und nicht nur von deinem Verstand oder der Frage, wer die Rechnungen für die Sitzungen übernimmt.

Wir geben gern Geld für vieles aus, warum also nicht für das Wichtigste, unser Lebensglück?

Eine Lebenskrise nur mit Spiritualität zu bewältigen, ist nicht möglich. Viele Menschen versuchen das, doch die bis dahin nicht integrierten Gefühle kommen wieder hoch und stören das Privatleben und den spirituellen Weg. Um innere Arbeit kommt man nicht herum, egal, ob man Angst davor hat. Doch unser Ego glaubt, dass wahre Gefühle es umbringen würden, und so versucht es, viele natürliche Gefühlsregungen und Handlungen zu unterdrücken, die uns wieder in gesunde Bahnen lenken könnten. Das Ego würde das natürlich nicht zugeben. Ein Ich ist starr, aber das Leben und die Gefühle des Menschen sind fließend. Der Fluss ist unser natürlicher Daseinszustand, nicht die Starrheit.

Gedanken und Emotionen tauchen auf, vermischen sich miteinander und ergeben ein Knäuel an Wirrungen, das sich nicht ohne Weiteres lösen lässt. Man weiß nicht mehr, was man tun soll. Doch wenn dein Gefühlsleben wieder voll auftaucht und sich gesund in dein System integrieren kann, wird das Leben klarer. Ist die Auflösung geschehen, ergeben sich neue Wege. Du kannst Dinge erkennen und Handlungsmöglichkeiten erhalten, die du vorher nicht für möglich gehalten hättest. Aber dafür ist eine verantwortungsvolle und bewusste Mitarbeit notwendig. (Auch hier ist klar, dass das Leben alles macht, aber das lassen wir einmal aus praktischen Gründen beiseite.)

Was ist deine Sehnsucht? Was suchst du und was brauchst du wirklich? Was willst du wirklich gern tun und wie würde eine optimale Version von dir selbst aussehen? Stelle dir ernsthaft diese Fragen, und mit hoher Wahrscheinlichkeit werden fühlbare Antworten oder Bilder in dir entstehen, die dir den Weg weisen können. Du weißt nicht, was das Leben bringt. Wir tragen Vorstellungen in uns, was uns zukünftig gut oder weniger gut tun würde, aber nichts davon ist absolut richtig. Es sind nur Gedanken, die jetzt in der Gegenwart auftauchen und eine Realität vorspielen, die es nicht gibt. Nur der jetzige Moment existiert und das, was darin erscheint. Und es gibt im jetzigen Moment Gefühle, die wahrer sind als die laute Stimme des Verstandes.

Wenn sich bei einer wichtigen Fragestellung in deinem Leben, zum Beispiel nach einer beruflichen Veränderung, etwas in dir zusammenzieht, weißt du, dass es nicht der richtige Weg ist. Weitet sich etwas in dir oder du empfindest ein angenehmes Kribbeln, Wärme oder vielleicht auch etwas Aufregung, orientierst du dich in die gesündere Richtung. Unser Körper und unsere nicht blockierten Gefühle sind ein guter Kompass, um Lebensentscheidungen zu treffen. Unser Verstand, unser Ego, ist konditioniert und hat starre Regeln und Vorstellungen. Aber das, was du wirklich bist, ist flexibel und frei. Wenn du wieder vollen Zugang zu deiner Kraft hast, wird vieles leichter.

Setze dich hin und frage dich zunächst, wozu du dein momentanes Leid und dein derzeitiges Handeln und Nicht-Handeln benötigst. Dann frage dich nach deiner wahren Sehnsucht und begebe dich anschließend in die Hände eines gut ausgebildeten, ganzheitlichen Behandlers, der dir weiterhilft, deine Gefühle wieder frei zu fühlen.

Habe Vertrauen in das Leben, das du selbst bist. Man kann im Leben keine falschen Entscheidungen treffen, denn alles geschieht genauso, wie es soll. Dennoch kann man in diesem Spiel des Lebens mitspielen und so tun, als ob man möglichst bewusste Entscheidungen trifft. Wie die Früchte einer bewussten Neuorientierung genau aussehen, ist unbekannt, aber oft schmecken sie ziemlich gut.

WELTLICHES

Wenn man das aktuelle Weltgeschehen betrachtet, kommen vielleicht Angst, Ohnmacht, Wut und die Frage nach dem Sinn des Ganzen auf. Wieso lässt das Leben (das Sein oder Gott) Armut, Leid und Kriege zu? Häufig ist es schwer oder unmöglich, einen Sinn darin zu entdecken oder tröstende Worte dafür zu finden. Aber es gibt eine Betrachtungsweise, die uns dabei helfen kann, zur bereits bestehenden Situation nicht noch zusätzliches Leid hinzuzufügen.

Unglück, Terror, Kriege und Leid hat es in dieser Welt schon immer gegeben. Auf einen »Übeltäter« folgt ein »Wohltäter«, auf einen »glücklichen« Moment folgt ein »unglücklicher« Moment und auf eine »Katastrophe« folgt ein »segensreiches« Geschehen. Natürlich geschieht das gleichzeitig, in jeder Reihenfolge und keiner ersichtlichen Ordnung unterliegend. Alles geschieht so, wie es geschieht. Die Beurteilung in gut oder schlecht wird nur vom menschlichen Verstand hinzugefügt. Das Leben selbst beurteilt nicht oder um es etwas bildhafter auszudrücken: Die Sonne scheint auf jedes Geschehen herab, egal wie wir Menschen es beurteilen.

Auf dieser Ebene des Daseins erstreckt sich das Leben so wie elektrischer Strom, der zwischen zwei Polen fließt. Gäbe es nur Harmonie oder sogenanntes Glück, würde alles in sich zusammenfallen. Die Spannungsbreite des Lebens würde verschwinden, es hätte seinen Antrieb verloren und wäre überflüssig.

Vielleicht sind diese Worte nur schwer zu akzeptieren und du glaubst, ich wolle sagen, der Sinn des Lebens sei es, zu leiden. Das ist natürlich nicht so. Der Sinn des Lebens ist die volle Teilnahme daran und das beinhaltet alle Erscheinungsformen. Warum gibt es das sogenannte Schlechte auf der Welt, warum gibt es das sogenannte Gute auf der Welt? Meine Antwort darauf lautet: »Warum nicht?« Es ist, wie es ist und es ist nicht zu ändern. Wir Menschen sind nicht die Regisseure. Das Leben ist der einzige Regisseur, und warum das Drehbuch so und nicht anders aussieht, ist ein Mysterium. Das eine Leben erscheint jeden Tag in Billionen Varianten. Deshalb kann man vermuten, dass es sich in vielfältiger Weise selbst erfahren will, auch als das, was wir als negativ bewerten. Und offensichtlich tut es das ständig, ob es uns gefällt oder nicht.

In traurigen, angstbehafteten oder sogar katastrophalen Fällen ist es hilfreicher, die Situation zunächst zu akzeptieren, wie sie ist, also dem Ganzen zunächst ein »Ja« zu geben. Und nach diesem »Ja« kann man sich sofort fragen »Was kann ich jetzt Konkretes und Hilfreiches tun?« Dieses Verhalten drückt bewusstes Dasein aus und verhindert das Hinzufügen von noch mehr dramatischen und leidvollen Gedankengeschichten zu der bereits bestehenden Situation. Wir brauchen dem Leben gegenüber keinen Widerstand zu leisten, auch wenn es manchmal extrem schwerfällt, das einzusehen. Mit dieser inneren Haltung verneinen oder verdrängen wir nicht das, was bereits ist. Wir akzeptieren und respektieren es. So öffnen wir uns der größeren Kraft in uns, die uns nicht lähmt, sondern konstruktiv handeln und helfen lässt und uns auch durch schwere Zeiten führen kann.

Wir können jetzt trauern, jetzt handeln und jetzt leben. Und das am besten mit einer guten Portion Bewusstheit.

Krieg und Frieden

Ein Krieg ist nicht gerechtfertigt. Eine andere Meinung hat das illusionäre Ich, das recht behalten will und ständig nach Beurteilungen und Begründungen für alle Handlungen sucht. Auf diese Weise führt es sich Energie zu, stärkt sich und grenzt sich weiter gegen »die Anderen« ab. Das Resultat ist nicht nur ein Gefühl des Alleinseins, sondern, was noch tragischer ist, die Illusion, sich ständig durchsetzen oder gegen etwas verteidigen zu müssen.

Doch Verteidigung ist dasselbe wie Angriff, da ein Verteidigungsgedanke die Unterstellung beinhaltet, von außen angegriffen zu werden. Dies ist der erste aggressive Gedanke. Um einen vermeintlichen Angriff zu verhindern, greift man vorauseilend selbst an und hält dieses Verhalten für gerechtfertigt. Das Resultat ist Gereiztheit, Streit und Kampf, bis hin zu Krieg, Terror und Zerstörung.

Es geht im menschlichen Dasein und dessen Konflikten nicht darum, was die richtige Anschauung oder die richtige Religion ist. Immer steht hinter aggressivem Verhalten ein pseudocleveres Ich, das anders sein muss als »der Rest«, um sich selbst als eigenständige Einheit wahrnehmen und so überleben zu können. Religionen machen keine Kriege. Das »Ich weiß es besser« ist der einzige Kriegsstifter. Und das kollektive Ich, sozusagen dessen aufgeblasene Form innerhalb einer Gruppierung, Landes- oder Glaubensgrenze, verstärkt die Konflikte immens. Der Krieg, den wir im Inneren führen, wird nach außen getragen und zeigt sich dort mit aller Gewalt. Hier, auf dieser Ebene des Daseins, ist Frieden nicht etwas, das von außen kommen kann. Er kommt von innen.

Finde heraus, was du wirklich bist und dass nichts von etwas anderem getrennt ist. Dann finden die Konflikte mit dem Leben ein Ende. Würden die Menschen sich nach innen orientieren und sich nicht nur an Schriften, überlieferte Traditionen oder gesellschaftliche Normen halten, könnten sie das Eine entdecken, die einheitliche Essenz des einen Lebens, das alles hervorbringt. Dann gibt es keine trennenden, egomanischen Anschauungen mehr und Frieden kann sein. Wir Menschen sind oft unzufrieden, weil wir die Gegenwart anders haben wollen als sie bereits ist. Doch wenn wir schon keinen Frieden in uns haben, wie könnten wir dann Frieden in die Welt bringen? Unsere Aufgabe ist es, zuerst den Frieden in uns finden, und nichts von der Welt zu verlangen, was wir nicht selbst anzubieten haben.

Wenn wir im Frieden sind, können wir ihn in die Welt ausstrahlen. Wenn das niemand für sich selbst erreicht, woher soll dann Frieden für die ganze Welt kommen?

Die Menschheit braucht nicht mehr Intelligenz, mehr Urteile oder mehr Rechtfertigungen und Abgrenzungen. Sie braucht dringend mehr Bewusstheit.

Der Anführer

In Krisenzeiten scheinen Menschen vermehrt dazu zu neigen, politische und gesellschaftliche Anführer zu wählen, die nicht nur stark auftreten, sondern auch herrische Charaktereigenschaften und Ziele haben.

Wenn man hinterfragt, welche wirklichen Werte die gewählten Anführer vertreten, wird klar, dass sie aufgrund ihrer Persönlichkeitsstruktur nur selten in der Lage sind, mitfühlend für andere Menschen da zu sein. Hier steht ein großes Ego vor anderen Egos und verbreitet Statements, die die sogenannten Anderen dazu bringen sollen, ihn (oder sie) zu wählen.

Die Grundmotivation beider Seiten ist Angst, denn Angst ist die Hauptsubstanz des illusionären Ichs. Auf der einen Seite befinden sich viele Personen, die Angst vor der Zukunft haben, ohne zu erkennen, dass eine Zukunft nicht existiert, außer in auftauchenden gedanklichen Vorstellungen. Es sind einfach nur Bilder, die vom Sein gemacht im Gewahrseinsfeld auftauchen und eine andere Realität vorgaukeln. Das eine Bewusstsein fokussiert sich für eine Weile auf diese auftauchenden Bilder, hält sie für wahr und ist dadurch nicht mehr in der Lage, die bereits jetzt stattfindende Wirklichkeit der Gegenwart zu würdigen.

So funktioniert das Ego. Es kann mit der Gegenwart nichts anfangen, es hat regelrecht Angst vor ihr und definiert sich über einen Haufen Gedanken und Emotionen, die sich hauptsächlich auf eine sogenannte Vergangenheit oder Zukunft beziehen. Da aber alle Gedanken und Emotionen von flüchtiger Natur sind, fühlt sich die sogenannte Person angreifbar und ängstlich. Auf der Seite des »starken Anführers« ahnt das Ego ebenfalls um seine Seifenblasenhaftigkeit.

Was in Zeiten solcher Wahlen geschieht, ist klar: Angst wählt Angst oder noch deutlicher ausgedrückt:

Der eine Wahnsinn wählt den anderen Wahnsinn und somit sich selbst. Etwas anderes außerhalb der sehr eingeschränkten Wahrnehmung des Ego existiert nicht, denn alles Unbekannte macht Angst.

Das Gegenteil von Angst ist Liebe. Das eine Leben, das es nur gibt, ist Liebe. Dies sind natürlich nur Worte, aber sie entspringen nicht irgendeiner Vorstellung oder einem Glauben, sondern der Erkenntnis um das Wesen des Lebens. Leben und Liebe sind ein und dasselbe und wollen sich ausweiten ohne Zeit und ohne Raum. Ausweitung ist die Essenz des Lebens. Das Leben konserviert nicht, es hält nichts zurück, es will nicht zusammenhalten oder alte Werte bewahren. Das ist nicht die Natur des Seins. Das Sein, das eine Leben, konfiguriert sich ständig in der zeitlosen Gegenwart um und hat keine konservative Haltung. Stetige Veränderung ist der Kern des Daseins.

Das Ego agiert genau in entgegengesetzter Weise. Es will seine brüchigen Fragmente zusammenhalten, die kleinen Habseligkeiten und den Status bewahren, und hofft, dass alles so lange wie möglich so bleibt. Die Folgen davon sind im Großen wie im Kleinen Ausgrenzung, Vorurteile, Hass, Ablehnung, Standesdünkel und Protektionismus. Sich vor etwas schützen zu wollen, bedeutet, sich vor dem Leben schützen zu wollen. Aber das ist nicht möglich, denn das Leben lebt so, wie es will und nicht, wie ein kleines Ich es will. Du als Person bist nur eine Illusion und kannst nichts tun. Das hört sich zunächst vielleicht negativ an, aber wenn du die Illusion durchschaust, wirst du deine wahre, unsterbliche Natur erkennen. Das, was du in Wahrheit bist, kann weder angegriffen werden noch sterben.

Wenn der sogenannte »kleine Mann« (den es natürlich nicht gibt) den »großen, starken« Mann wählt, gibt es eine Gemeinsamkeit, die jenseits von materiellem Vermögen oder intellektueller Bildung liegt. Es ist die Angst des Ego vor Verlust und der eigenen Zerstörung. Dieses Grundmuster ist dermaßen stark, dass es sich gegenseitig anzieht, ungeachtet des äußeren Erscheinungsbildes.

Natürlich kann ein Ego ein anderes Ego nicht verstehen, es kann nicht wirklich sehen oder mitfühlen. Unbewusstheit kann weder Unbewusstheit noch Bewusstheit erkennen. Unbewusste Menschen sehen nur Illusionen und agieren entsprechend. Leid erzeugt weiteres Leid und so wird aus dem Traum des Lebens ein Albtraum. Manchmal kann das Leid so groß werden, dass ein Bruch in die Egoschale kommt und etwas mehr Licht durchscheint. Dann wird plötzlich erkannt, dass alles nur das Spiel des Lebens ist und man vor nichts Angst zu haben braucht.

Entwickle die Bereitschaft, deine wahre Natur zu entdecken und du kannst deine Egoschale abwerfen. Entscheide dich nicht für Angst und Zusammenziehung, sondern wähle Ausweitung, Veränderung und Durchmischung. Erkenne das unsterbliche Leben und die Liebe, die du bist, und du brauchst dich nicht mehr zu fürchten.

Falsche Verteidigung

Fast alle Menschen auf der Erde identifizieren sich mit ihren Gedanken und Emotionen. Diese bilden ein Konstrukt, eine Person, die absolut glaubhaft wirkt. Alles, was gedacht, gefühlt und getan wird, bin »Ich«. Diese Fehlidentifikation hat zwar nichts mit unserer wahren Natur zu tun, wird aber normalerweise dafür gehalten.

Das Ego fühlt sich wie ein kleiner Krümel im Universum, zerrissen und allein gelassen. Dieser Zustand gleicht einer dauerhaften Wahnvorstellung und verursacht Angst. Die Menschen haben Angst vor vielen Dingen, aber am stärksten ist die unbewusste Angst, angegriffen zu werden.

Wenn ich nur das ganz Kleine bin, muss der übrige Rest das Große sein. Dieser falsche Glaube lässt uns ohnmächtig fühlen, Ohnmacht führt zu Wut, und fehlgeleitete Wut führt zu Aggression und Angriff. Doch weil das illusionäre Ich eine gewisse Bauernschläue besitzt, würde es nicht ohne Weiteres zugeben, dass es grundlos angreift.

So entsteht das Konzept der Verteidigung, das den Gedanken beinhaltet, ich müsse mich schon im Vorfeld gegen einen wahrscheinlichen Angriff zur Wehr setzen. Dass dieser Gedanke bereits der erste aggressive Akt ist, wird dabei übersehen.

Verteidigung und Angriff scheinen nur in der Welt der Dualität unterschiedlich zu sein, jedoch sind sie ein und dasselbe. Sie entspringen der Angst des Ego vor der eigenen Zerstörung. Diese Todesangst zeigt sich in gewöhnlichen Situationen bereits als leichte Gereiztheit, Anspannung, Nervosität und manchmal auch als Handgreiflichkeiten. Hier gibt es keine Unterschiede, denn bei allen Formen handelt es sich um die gleiche kollektive Geistesstörung.

Finden sich viele Egos gleicher Couleur zusammen, wird aus einer individuellen Geistesstörung die kollektive Geisteskrankheit der Menschheit. Sie existiert, weil vielen Menschen das fühlende Erkennen des Einsseins aller Dinge fehlt. Die natürliche Verwurzelung im Sein ist verschleiert, die Aufmerksamkeit wird hauptsächlich auf Dinge im sogenannten Außen gerichtet, und es wird vollkommen an Trennung geglaubt. Wenn klar wäre, dass das Sein nur mit sich selbst handelt und spricht, würden Respektlosigkeit, Unfreundlichkeit und Grausamkeit verschwinden, denn hier stimmt das Zitat »Was du einem anderen zufügst, das fügst du dir selbst zu«. Diese Worte tragen eine große Weisheit in sich, denn sie bestätigen nicht die getrennte Existenz von dir zu einem anderen, sondern sie weisen auf die tiefe Wahrheit des verbundenen und einheitlichen Seins hin.

Die Todesangst des Ego ist die Wurzel aller emotionalen Störungen und des Irrglaubens an ein getrenntes Dasein. Wer in Angst und Panik lebt, kann nicht anders, als unbewusst zu handeln und wild um sich zu schlagen. Unbewusste Menschen wissen nicht, was sie tun, egal wie intelligent sie sind. Unbewusstheit und Intelligenz werden oft für das Gegenteil gehalten und es wird geglaubt, dass intelligente Menschen wüssten, was sie tun. Aber das ist nicht der Fall. Je mehr der egogesteuerte Verstand das Ruder in der Hand hat, desto unbewusster sind die Menschen. Je mehr man an seine eigene Intelligenz glaubt, desto unbewusster ist man.

Menschliche Intelligenz ohne Bewusstheit hat schon viele Grausamkeiten erzeugt: Kriege, Bomben, Folter, Angriffsstrategien usw. Wir glauben meist, dass unfreundliche und unbewusste Menschen in der Lage seien, ihr Verhalten in einer Sekunde ändern zu können, wenn sie nur wollten. Hier sage ich gern, dass nur weise Menschen weise handeln können. Ist man nicht bewusst, kann man auch nicht bewusst handeln. Diese Einsicht führt zur Vergebung, sogar für sogenannte Übeltäter und Mörder.

Wahre Intelligenz kommt aus dem Sein und nicht aus einer Ansammlung von Wissen. Natürlich gibt es auch Kombinationen von Bewusstheit und Intellekt, denn das Sein zeigt sich in jeder Variante.

Falls es so richtig überliefert ist, hatte Jesus es damals so ausgedrückt: »Herr vergib ihnen, denn sie wissen nicht, was sie tun.« Vergebung ist eine unserer größten Aufgaben hier auf diesem Planeten, in dem

Erkennen, dass nichts so ist, wie es erscheint; und dann wird auch Vergebung nicht mehr nötig sein.

Sünde

Es ist ein großer Irrtum, an die Existenz von Sünde zu glauben. Das ist schon die größte »Sünde«.

Dieser Begriff geht untrennbar mit dem Thema Schuld einher, doch ist da niemand in Person, der schuldig sein könnte. Sünde ist nichts weiter als der Irrglaube, ein getrenntes Individuum zu sein. Glücklicherweise gibt es weder Individuen noch Sünde oder Schuld.

Sei froh – niemand hat jemals irgendetwas getan, denn es existiert nur der jetzige Moment und alles ist eins.

Das Richtige tun

Wir können denken, planen und versuchen, alles Mögliche zu kontrollieren. Aber ist jemals in deinem Leben alles exakt so eingetroffen, wie du es gewünscht oder geplant hattest? Manchmal scheint es so zu sein, aber es geschieht nur, wenn es so sein soll, und das entscheidest nicht du. Mit Glück stellt sich irgendwann heraus, ob man das »Richtige« getan hat, wobei auch das nur eine Bewertung des menschlichen Verstandes ist. Was für dich richtig erscheint, kann für den Nächsten vollkommen falsch sein. Deshalb empfehle ich, die anstehenden Dinge so gut und bewusst zu erledigen, wie möglich.

Bleibe mit deiner Achtsamkeit bei dem, was du gerade tust und schweife gedanklich nicht in die Vergangenheit oder Zukunft ab, es sei denn, du benötigst praktisches Wissen für deine derzeitige Tätigkeit. Wenn du die anstehenden Dinge mit Bewusstheit erledigst, haben sie eine andere Qualität, als wenn sie achtlos durchgeführt werden. Das bedeutet aber nicht, dass bewusst ausgeführte Handlungen sich letzten Endes immer als richtig erweisen.

Doch oft führen bewusste Aktivitäten zu bewussten Ergebnissen und im Endergebnis zu weniger Fehlern. Auf diese Weise kann man Zeit und Lebensenergie sparen. Bleibe bei allem, was du tust, so gegenwärtig wie möglich. Dann machst du alles richtig.

Geld verdienen

Der Wunsch nach materieller Sicherheit entspringt dem Egowunsch nach Sicherheit. Wir glauben, dass ein bestimmter Geldbetrag auf dem Konto unseren Lebensstil sichern und uns vor einigem Kummer bewahren kann. In dieser Welt, wo gewisse Regeln herrschen, scheint das auch in begrenztem Rahmen zu stimmen. Wenn wir einer erfüllenden Tätigkeit nachgehen, ist es gut möglich, dass materielle Fülle folgt. Das ist aber kein kosmisches Gesetz, sondern nur eine »Kann-Regelung« des Seins. Wir wissen nicht genau, warum wir manchmal in materieller Leere oder in materieller Fülle leben. Jedoch können beide Situationen wunderbare Lehrmeister für uns sein, sich mit der veränderbaren Natur des Lebens auseinanderzusetzen und an nichts festzuhalten.

Das Glaubensmuster, viel Geld erlangen zu müssen, hat in den Köpfen der meisten Menschen Vorrang und spiegelt sich überall im täglichen Leben wider. Jeder kennt diese Gespräche unter Freunden: »Die Müllers haben es geschafft.« Damit gemeint ist meist das Erreichen von materiellem Wohlstand. Selten hinterfragt wird der Bewusstseinszustand derjenigen, die es »geschafft« haben. Haben sie Frieden und innere Fülle erhalten oder liegt jetzt nur ein Haufen Geld auf dem Bankkonto, begleitet von der Sorge um Betrug oder Verlust und der eigenen Inkompetenz, mit dem Geld etwas Sinnvolles anzufangen?

Handelt es sich bei dem Erwerb des Wohlstandes um das Ergebnis jahrelanger harter Arbeit und großen Kampfes, wird oft erst am Lebensende erkannt, dass wertvolle Lebenszeit verschwendet wurde, um dorthin zu kommen. Trotz Reichtum und Ansehen ist das ehrliche Resümee häufig ernüchternd. »Ich bin immer noch unzufrieden. Was habe ich jetzt eigentlich erreicht?« Die Antwort lautet: nichts von wahrer Bedeutung.

Natürlich gibt es auch bewusste Menschen, die reich sind, und das ist eine gute Kombination, wenn sie Wohlstand und Bewusstheit teilen und dadurch Sinn stiften. Es ist weder »schlimm« noch unspirituell, nach Geld zu streben, die Gefahr liegt dabei bloß in der vermehrten Ablenkung von der Gegenwart.

Wenn wir ständig mit Geldbeschaffung beschäftigt sind, bekommen wir vielleicht nicht mehr mit, dass draußen die Sonne scheint und die Vögel zwitschern. Natürlich sind Steuern und Miete zu zahlen. Aber das kann man auch mit Gleichmut erledigen, anstatt sich währenddessen etwas anderes zu wünschen.

Wünsche jeglicher Art ziehen uns aus der Gegenwart heraus und gaukeln uns eine andere Realität vor, die attraktiver erscheint. Trotzdem ist es nur eine Gedankenform, die jetzt auftaucht. Ein klarer Blick auf den jetzigen Moment ist erfüllender als der durch illusionäre Gedankenmuster verzerrte. Es ist, wie es ist, und wenn wir unseren Tätigkeiten mit Liebe und Engagement nachgehen, sind wir schon jetzt erfüllt und brauchen nicht zwanghaft nach materieller Fülle zu streben.

Das bekannte Zitat von Jesus, alles Weltliche aufzugeben, wird vielleicht noch missverstanden. Der historische Jesus, und auch das ist nur eine Geschichte, lebte in relativer Armut und hatte doch alles, was er benötigte. Wir brauchen seine Lebensweise nicht zu kopieren, aber der Essenz seiner Hinweise zu folgen, kann nicht schaden. Immer wieder wies er darauf hin, dass man sich nicht durch das sogenannte Außen vom Entdecken seiner wahren Natur ablenken lassen soll. Er mahnte an, nach innen zu schauen, um die göttliche Natur zu finden, und erklärte die Einfachheit des Seins.

Jesus hatte in dieser Geschichte seine Funktion vom Leben erhalten und jetzt haben wir unsere. Und dazu kann es auch gehören, viel oder wenig Geld zu verdienen. Wenn du viel Geld verdienst, dir schöne Dinge leisten kannst und dabei Bewusstheit, Mitgefühl und Fülle in die Welt ausstrahlst, ist das schön, und ich freue mich mit dir.

Die Suche nach Liebe

Das Verlangen nach Liebe und Sexualität ist die abgelenkte Suche des Seins nach sich selbst. Das eine Leben weiß um seine wahre, liebevolle Natur, hat sich aber ein Spiel ausgedacht, in dem es sich vor sich selbst versteckt. Nun lautet die Hauptspielregel: »Ich will mich wiederfinden.«

Die Liebe des Seins durchdringt alles und ist je nach Situation mehr oder weniger spürbar. Da aber das ablenkende und sehr faszinierende Spiel des Lebens läuft, glaubt das Leben – zurzeit in der Form einer scheinbaren Person – es könne die Liebe woanders suchen als bei sich selbst. Und so wird im sogenannten Außen nachgeschaut, und im festen Glauben an eine Trennung werden andere Menschen das Zielobjekt, um Liebe zu erhalten.

Wenn du glaubst, dass dieser oder jener Mensch dir wirkliche Liebe bringen könnte, übersiehst du deine wahre Natur.

Du bist die Liebe selbst, und wenn sich die Aufmerksamkeit auf diese Tatsache richtet, brauchst du nicht mehr woanders zu suchen. Es hat auch keinen Sinn, woanders zu suchen als in dir, denn nur dort findest und fühlst du das, was du wirklich bist. Das Verlangen nach Liebe ist das Verlangen nach sich selbst, nach dem erkennenden Fühlen der eigenen, wahren Natur.

Mit dem Verlangen nach Sex verhält es sich ähnlich. Das ist der Wunsch nach Einheit, und auch hier suchst du an der falschen Stelle, denn das eine Leben, das du bist, ist bereits die vollständige Einheit, in der nichts fehlt. In Wahrheit suchst du nicht nach Sex, sondern nach einem vermeintlich fehlenden Teil deines Selbst. Du bist die liebende Einheit, die für eine Weile glaubt, ein abgetrennter Mensch zu sein, dem etwas fehlt.

Auf praktischer Ebene gibt es einen weiteren Hinweis, was Sexualität anbelangt. Wenn wir uns mit einem anderen Menschen vereinen, suchen wir nicht nur den Höhepunkt, sondern noch mehr die Entspannung und den Frieden, die sich danach einstellen. Das Lebensspiel gaukelt einem aber auf vielen Kanälen vor, dass es nur darum geht, einen fulminanten Höhepunkt zu erleben. Doch du suchst nur den Frieden deiner wahren Natur, des einen verbundenen Lebens.

Für deine wahre Natur gibt es viele Begriffe: »Liebe«, »Einheit«, »Frieden«, »Sein« usw. All das sind Facetten unseres wahren Wesens, aber anstatt es zu ergründen, suchen wir unser Heil häufig in der Dualität und scheitern glorreich daran. Liebe und Sex sind schön. Genieße sie im Erkennen, dass es nichts zu suchen gibt und dass du nichts vom Anderen brauchst, weil schon jetzt alles eins ist. Es fehlt nichts. Jedes Verlangen ist immer nur das Verlangen nach dem wahren Selbst.

Spirituelle Erziehung

Wenn du Kinder hast, würde ich sie zunächst auf spielerische Weise fragen, ob sie sich ihrer Gedanken bewusst sind. Vielleicht, ob es eine Stimme im Kopf gibt, die mal dies und mal jenes sagt. Vielleicht kannst du dein Kind bitten, einen einfachen Satz, den es sich selbst ausdenken kann, dreimal zu denken. Wenn es dem Kind gelingt und es bestätigt, dass es diesen Satz dreimal gedacht hat, kann man seine Aufmerksamkeit zunächst auf die Gedanken und danach auf den sogenannten stillen Beobachter lenken, der das Erscheinen des Satzes im Kopf beobachtet. Ohne ihn könnte das Kind nicht bejahen, dass es den Satz dreimal gedacht hat.

Es gilt den Kindern zu verdeutlichen, dass man nicht die Stimme (die Gedanken) im Kopf ist, sondern die Stille, in der Gedanken und Gefühle auftauchen. Falls das deinen Kindern nur ansatzweise klar wird, werden sie sich später wieder daran erinnern, und womöglich kommt es nicht zu einer fest zementierten Identifikation mit einem gedanklichen Ich. Auf diese Weise kann schon früh mehr Bewusstheit durch die vorhandenen Ego-Strukturen durchscheinen.

Es wäre sehr wertvoll, wenn diese einfache Übung bereits in Kindergärten und Schulen gelehrt würde. Wenn man sich schon früh daran gewöhnt, die eigenen Gedanken nicht mehr so ernst zu nehmen, besteht eine gute Chance für ein kreatives, erfülltes Dasein und ein friedliches Miteinander.

Viel mehr gibt es für eine spirituelle Erziehung nicht zu tun, denn das Leben hat die vollkommene Kontrolle über alles Geschehen. Eigentlich ist da keine Person, die etwas tun kann, aber auf relativer Ebene sind diese Hinweise für dich und deine Kinder vielleicht hilfreich.

Kreativ oder verrückt

Kreativität ist ein schöpferischer Akt, der auf bereits Bestehendem beruht. Die kreative Leistung hat ihre Wurzeln in der Quelle des Seins, die gleichzeitig die Quelle aller Kreativität ist. Ist man mit diesem natürlichen Urgrund verbunden und der kreative Kanal geöffnet, können schöpferische Leistungen erbracht werden, die einem manchmal vor Staunen den Mund offen stehen lassen.

Kommen wir mit wahrer Kreativität in Kontakt, fühlen wir uns von ihr berührt und kommen in Kontakt mit unserem wahren Selbst. Durch Kreativität drückt sich das Sein aus und erinnert uns an unsere wahre Essenz. Durch das kreative Werk fühlen wir uns mit uns selbst verbunden. Diese Verbundenheit ist ein wesentliches Merkmal von wahrer Kreativität. Gleichzeitig erschafft sie ein Gefühl von Vertrautheit. Obwohl ein neues Werk vorliegt, haben wir oft das Gefühl, dass wir es schon kennen oder dass wir sogar selbst in der Lage wären, ein solches Werk zu erschaffen. Kommen wir in Kontakt mit echter Kreativität, fühlen wir uns lebendig und präsent. Hier kann man davon ausgehen, dass die Künstlerin oder

der Künstler im Moment des Erschaffens mit der Quelle des Seins verbunden war.

Geistige Verrücktheit hingegen erschafft kein Gefühl von Verbundenheit, sondern eher Irritation, Abwehr oder Unsicherheit. Kommen wir mit Verrücktheit in Kontakt, kommen wir in Kontakt mit einem sich getrennt fühlenden Ego. Hier hat eine Zusammenziehung stattgefunden, die noch über die »normale« Verrücktheit der Menschen hinausgeht. Das illusionäre Ich nimmt dann in der eigenen Wahrnehmung den größten Platz ein, und fast die gesamte Bewusstseinsenergie ist auf ein inneres, irrsinniges Geschehen fokussiert.

Durch einen übermäßig starken Irrglauben der Trennung entstehen im Inneren Chaos und Angst. Das Gefühl, mit dem Leben verbunden zu sein, ist fast vollständig erloschen und verschiedene Abwehrmechanismen des Ego sind an dessen Stelle getreten.

Diese innere Orientierungslosigkeit drückt sich im Außen durch entsprechende Worte und Handlungen aus. Kommen wir mit einem Menschen in Kontakt, der fast vollkommen eingekapselt und vom Ego gesteuert lebt, fühlen wir uns meist nicht sehr wohl und der Umgang mit ihm fällt uns schwer.

Manchmal haben wir auch Angst vor einer Unberechenbarkeit, weil diesem Menschen eine feste Verwurzelung zu fehlen scheint.

Verrücktheit, zum Beispiel bei sogenannten Kunstwerken, basiert nicht auf etwas Bestehendem und Vertrautem, sondern scheint davon abgehoben und getrennt zu sein. Dann fehlt uns der vertraute Anker in unserer Wahrnehmung und wir wissen nicht mehr, wie wir angemessen darauf reagieren können. Verrücktheit ist überall anzutreffen: in der Kunst, in der Politik, in der Gesellschaft und im nächsten Umfeld. Oft geht sie mit gesteigertem Gerede einher und mit Gedankenformen, die in chaotischer Weise auftauchen.

Beginnt dein Verstand in einer scheinbar kreativen Situation sofort mit einer Analyse, liegt eine normale Ego-Verrücktheit vor. Fühlst du dich jedoch berührt und ein wohliger Schauer rieselt über deine Haut, handelt es sich wahrscheinlich um echte Kreativität.

Drogen

Für Selbsterkenntnis benötigen wir einen gesunden Geist, der den Körper nicht zerstören will. Die innere Haltung »Es ist mir egal, was mit meinem Körper geschieht« ist zwar absolut betrachtet nicht bedeutungsvoll, aber als Mensch benötigen wir einen Körper zur Selbstverwirklichung. Ein gesunder Geist agiert aufbauend und verbindend. Das Ego hingegen spaltet und greift an, vor allem auch den Körper, in dem es zurzeit wohnt.

Bestimmte Drogen vernebeln oder verändern das klare Bewusstsein. Ist das wirklich hilfreich, um zu Selbsterkenntnis zu gelangen? Nun könntest du sagen, dass es Drogen gibt, die der Bewusstseinserweiterung dienen. Das mag sein, aber spielt es eine Rolle, als was sich das Bewusstsein in diesem Moment zeigt? Unter Drogeneinfluss ist die Wahrnehmung vielleicht anders und du siehst bunte Lichter, hörst Stimmen oder erlebst absurde Dinge in einer verzerrten Realität. Aber den Raum des einen Bewusstseins kannst du trotzdem nicht verlassen. Wieso sollte eine Wahrnehmung unter Drogeneinfluss wahrer oder spiritueller sein als die unverschleierte Wahrnehmung der jetzigen Gegenwart?

Der gegenwärtige Moment ist alles, was es gibt. Egal, was du wahrnimmst, es ist immer dieser Moment. Mit dieser Erkenntnis ist jeder Drogenkonsum überflüssig.

GEISTIGES

Im jetzigen Moment zu leben, bedeutet, die Dinge nicht mehr so ernst zu nehmen, weil alles so erkannt wird, wie es ist. Alle Gedanken, auch jene, die auf eine scheinbare Vergangenheit oder Zukunft hinweisen, finden nur in der Gegenwart statt. Die im Jetzt auftauchende Gegenwärtigkeit, das Gewahrsein, beinhaltet alles. Es ist so, als ob es sich ständig umkonfiguriert. Zeit spielt hierbei keine Rolle.

Das Gefühl eines Zeitablaufs wird unterstützt durch Gedankenbilder, die voneinander unterschiedliche Geschehnisse präsentieren. So glaubt man, dass gestern A, B und C passiert sind und morgen D, E und F geschehen werden. Der hier auftauchende Körper, der scheinbare Charakter, scheint eindeutig zu fühlen und sicher zu wissen, was die Realität ist. Aber hier handelt es sich um eine Ablenkung des Bewusstseins durch eine faszinierende, unwahre Geschichte, sodass das klare Erkennen der Gegenwart verhindert wird.

Absolut betrachtet, ist das nicht schlimm, denn alle Erscheinungsformen, egal ob sie gedanklich als gut oder schlecht etikettiert werden, werden gleichzeitig gemacht (das Wort »gleichzeitig« ist nicht vollkommen korrekt, weil es keine Zeit gibt), und ein persönliches Ich ist nicht daran beteiligt.

Dennoch hat das Durchschauen des Spiels einen Vorteil, weil sich dann eine gewisse Gelassenheit zeigt. Es wird nichts mehr bekämpft und dem jetzigen Moment wird nicht mehr widersprochen. Man ist im Einklang mit dem jetzigen Geschehen oder anders ausgedrückt: Das Sein ist im Einklang mit sich selbst, unabhängig davon, was getan, gedacht oder gefühlt wird.

Zusätzlich kann es geschehen, dass Körper und Geist spontan heilen. Hier haben sich durch das Erkennen der eigenen unsterblichen Natur Phobien und einige Neurosen aufgelöst, die vorher als normal empfunden wurden. Das Leben ist leichter geworden, der Geist ist überwiegend ruhig und der Körper gesünder als früher. Vollständige Heilung scheint während des sogenannten Erwachens aber nicht immer zu geschehen.

Es gibt Geschichten über spirituelle Lehrer, die trotz ihres hohen Bewusstseinsgrades an schweren Erkrankungen litten oder erst nach dem sogenannten Erwachen erkrankten. Körperliche Gesundung scheint nicht zwangsläufig mit dem sogenannten Erwachen einherzugehen. Der Geist gesundet in den meisten Fällen, denn geistige Gesundheit ist Voraussetzung für das Durchschauen der Illusion des Ichs. Und dadurch heilen auch viele mit dem Geist zusammenhängende psychische und neurologische Krankheiten.

Außergewöhnliche geistige und körperliche Fähigkeiten, wie zum Beispiel, spontan Gegenstände erscheinen zu lassen oder die Fähigkeit, an zwei Orten gleichzeitig zu sein, stellen sich nicht ein. Auch wenn es in einigen Büchern so beschrieben wird, handelt es sich dabei nur um eine beliebte Geschichte des Ego und dessen Wunsch nach Besonderheit. Das spirituelle Ego hält sich durch solche Geschichten am Leben.

Beachte die Weisheit der Sprache: Besonders sein zu wollen, bedeutet abgesondert sein zu wollen. Das entspricht dem Wunsch des Ego nach Trennung, weil es Angst davor hat, sich in der allumfassenden Einheit zu verlieren. Aber weil dein wahres Selbst unzerstörbar ist, empfehle ich, jeden Wunsch nach Besonderheit loszulassen und stattdessen die Verbundenheit des Seins zu fühlen.

Wahrheit

Häufig ist zu hören, dass Wahrheit von der Perspektive des jeweiligen Betrachters abhängt, es also mehrere Wahrheiten gibt. Diese Betrachtungsweise spiegelt besonders deutlich das Vorhandensein der Dualität wider.

Für eine scheinbare Person, die sich getrennt fühlt, ist Einheit unvorstellbar. Es tauchen geistige Konzepte auf, die verschiedene Inhalte haben, und alle scheinen wahr zu sein. Wenn jemand sagt, er lasse auch die Wahrheit anderer Menschen gelten, so wird dieser Mensch als tolerant bezeichnet. Dennoch wird hier übersehen, dass das Wesen der Wahrheit nur sein kann, wahr zu sein.

Das Thema »Wahrheit« kann nur von der ganzheitlichen Ebene her betrachtet werden. Wenn eine zweite Wahrheit wahr wäre, wäre es die erste nicht mehr.

Natürlich kann man im alltäglichen Leben sagen: »Dies hier stimmt und das dort stimmt auch.« Handelt es sich beispielsweise um ein Streitgespräch, werden zum selben Thema verschiedene Ansichten vertreten. Je nach persönlicher Perspektive sieht die Wahrheit anders aus. Aber es handelt sich hier nicht um zwei absolute Wahrheiten, sondern um unterschiedliche Bilder, die innerhalb der einzigen Wahrheit des Seins auftauchen. Es sind nur Facetten der einen Wahrheit. Aber innerhalb davon scheint es eine Aufspaltung, die Dualität, zu geben. Doch alles ist nur eine einzige, nicht voneinander trennbare Erscheinung, in der man an die Verschiedenheit der Dinge glaubt und deshalb einen persönlichen Standpunkt bezieht. Gelegentlich geschieht ein Durchschauen dieser Erscheinung, und dann wird erkannt, dass alles gleichberechtigt, einheitlich und zeitgleich im Sein gemacht wird.

Erleuchtung ist ganz einfach: Egal wie es erscheint, es ist immer nur DAS.

Zufall oder Vorherbestimmung

Zufälle gibt es nicht, weil alles miteinander verbunden ist.

»Zufall« würde bedeuten, dass etwas unabhängig in einem bereits vollständigen System auftauchen kann. Aber nichts ist voneinander unabhängig, denn alles taucht gleichzeitig als Eins im Sein auf, in dem einen Bewusstseinsfeld.

Vielleicht hilft hier das gedankliche Modell von einem vollständig verbundenen, mehrdimensionalen Raum, der keine Grenzen hat. Jenseits der unendlichen Verbundenheit existiert nichts, weil nichts jenseits der Unendlichkeit existieren kann. Alles wird vom zeitlosen Sein gemacht oder anders ausgedrückt, alles läuft automatisch ab.

Das Erscheinen dieser Zeilen wird gemacht, das Lesen dieser Zeilen wird gemacht und eine eventuelle gedankliche Zustimmung oder Ablehnung dieser Worte, vielleicht mit einer dazu passenden Emotion, wird ebenfalls vom Sein gemacht. Zufall hat im zeitlosen, verbundenen Jetzt keinen Platz.

Der Begriff »Vorherbestimmung« kommt der Beschreibung des gegenwärtigen Geschehens schon etwas näher, wobei man auch hier bei der Wortwahl aufpassen muss. Bei »Vorherbestimmung« denken wir meist an ein persönliches Überwesen, das alles plant und schon jetzt weiß, was morgen passieren wird. Hier sind wir wieder bei den Themen »Zeit« und einem lenkenden Gott, was beides aber nur gegenwärtig auftauchende Konzepte im Gewahrsein sind. Dennoch geschieht so etwas wie Vorherbestimmung, weil wir die Verbundenheit des Raums und seine miteinander verbundenen Abläufe nicht verlassen können. In diesem Raum gibt es keine Lücken, weil alles eins ist.

Stell dir als Gedankenspiel vor, jemand nimmt einen Stein und wirft ihn in einen spiegelglatten See. Das Wasser wird Wellen schlagen und sie laufen in mehrere Richtungen. Dass Wellen laufen ist vorhersehbar, aber wir wissen nicht, wie viele es sind, welche Ausdehnung sie haben und wohin sie laufen. Sie bewegen sich in Abhängigkeit vom gesamten Wasser. So in etwa funktioniert das Leben. Alles geschieht so, wie es soll.

Kurz zusammengefasst: Es gibt so etwas wie Vorherbestimmung, aber keinen »Vorherbestimmer«. Der Ausdruck »automatisch ablaufendes Sein« ist hier wohl besser geeignet.

Keine Wahl

Setze dich für einen Moment hin und forsche nach, welche Entscheidungen du heute getroffen hast. Wie viele davon waren unabhängig von anderen Geschehnissen?

Dir wird auffallen, dass nicht eine deiner Entscheidungen unabhängig war, denn dein Entschluss, etwas Bestimmtes zu tun, beruht ausnahmslos auf anderen in dir auftauchenden gedanklichen Vorstellungen.

Du befindest dich in einem verbundenen Geflecht aus Ereignissen, und alles, was du bisher vielleicht für deine eigenen, unabhängigen Entscheidungen oder Wahlmöglichkeiten gehalten hattest, sind bloß scheinbare Reaktionen auf einen bereits vorhandenen Impuls des Lebens.

Dieses Netz aus Impulsen ist ein wesentlicher Bestandteil der zeitlosen Gegenwart und du bist als ein Teil davon vollständig darin eingewoben. Und bei näherer Betrachtung gibt es noch nicht einmal Reaktionen oder Impulse, die aufeinanderfolgen, denn ohne Zeit gibt es weder Ursache noch Wirkung. Obwohl es keine Wahl gibt, weil es keinen freien Willen gibt, hast du das Gefühl, zu tun, was du willst. Das ist in Ordnung, aber du kannst nicht aus dem Willen des einen Lebens herausfallen. Alles ist im gegenwärtigen Geschehen enthalten, auch widersprüchliche Gedanken, die das Gegenteil behaupten. Wenn du dies zum ersten Mal liest und vielleicht die dahinter liegende Wahrheit spürst, fragst du womöglich: »Bin ich nur eine Marionette des Seins?« Vielleicht fühlst du dich für eine kurze Zeit etwas hilflos. Doch alles findet in Wahrheit ohne ein Ich statt, das machtlos sein, etwas verhindern oder steuern könnte. Du wirst vom Leben gelebt, oder anders ausgedrückt, das Leben lebt sich selbst.

Erfasst du die wahre Bedeutung dieser Worte und akzeptierst sie vollständig, fühlst du dich nicht mehr bedroht und eingeengt, sondern du erlebst ein Gefühl von Freiheit und tiefer Gelassenheit.

Entspanne dich, denn da ist niemand, der etwas tun kann. Aber weil das Leben in menschlicher Form so tut, »als ob« eine Person etwas tut, geschieht es.

Keine Zeit

Das Phänomen Zeit taucht immer in Verbindung mit einem persönlichen Empfinden auf.

Unsere scheinbare Person besteht aus einem Geflecht von Gedanken, die sich auf eine vorgestellte Vergangenheit, Gegenwart und Zukunft beziehen. Dazu gesellen sich innere Bilder, und gemeinsam mit den Gedanken spannen sie einen illusionären Zeitstrahl auf, der sich anscheinend von einer Vergangenheit in die Zukunft bewegt. Doch bei genauer Betrachtung tauchen alle Gedanken nur in der zeitlosen Gegenwart auf.

Und nun kommt ein Punkt, den man nicht ohne Weiteres begreifen kann. Wenn wir darüber nachdenken, was wir heute alles schon erledigt haben, kommen uns verschiedene Situationen in den Kopf. Wir sind felsenfest davon überzeugt, dass wir morgens aufgestanden sind, gefrühstückt und dann mit einer bestimmten Aktion begonnen haben. Doch nichts davon ist je geschehen. Das hört sich jetzt wahrscheinlich etwas merkwürdig an, dennoch ist es wahr. Es handelt sich hier um das klare Erkennen des Seins, das gedanklich nicht erfasst werden kann.

Vielleicht hilft es hier, sich vorzustellen, dass die zeitlose Gegenwart sich im jetzigen Moment ständig umkonfiguriert. Aber selbst das hat schon den Geschmack von Zeit, die vonnöten wäre, selbst wenn es sich nur um eine Millisekunde handeln würde. Es ist eine erleuchtete Einsicht, dass nichts geschehen ist, nichts geschieht und nichts geschehen wird, auch wenn es anders aussieht. Das Sein tut nichts, es ist einfach. Je mehr man versucht, darüber nachzudenken, desto erfolgloser wird es sein.

Die auftauchenden Gedanken, mit denen wir uns identifizieren, bilden den sogenannten Verstand. Er ist hier der Störenfried, der die Erkenntnis der Zeitlosigkeit verschleiert. Oft erwähne ich, dass es weder Ursache noch Wirkung gibt. Der Grund dafür ist das Erkennen des zeitlosen Jetzt.

Auf dieser Ebene des Daseins, wo Zeit eine praktische Rolle für Organisation spielt, kann das Wissen um die Zeitlosigkeit dazu beitragen, sich von dem Gedanken zu lösen, dass irgendein Geschehen für mein Unwohl verantwortlich ist. Wenn das akzeptiert ist, entfallen die Vorwürfe, und Themen wie Schuld oder Unschuld spielen keine Rolle mehr. Keiner hat jemals etwas getan, weil erstens keine Zeit dafür existiert und zweitens niemand Persönliches existiert, der etwas tun könnte.

Alles ist wie eine zeitlose Seifenblase ohne Substanz. Das gilt sogar für die gegenwärtigen Inhalte, weil auch sie wieder vergehen. Nur die Gegenwart selbst – der Raum, der keinen Namen hat – ist die letztendliche, zeitlose Wirklichkeit.

Religiöser Einfluss

Ich wuchs in einem nicht besonders religiösen Elternhaus auf, abgesehen von meiner Großmutter, die ebenfalls in unserem Haus wohnte und sehr rigide Vorstellungen über Gott und die Welt hatte. So geschah es nicht selten, dass sie durch irgendeine Sache verärgert ihre Wohnungstür öffnete und herausrief: »Ihr seid alle vom Satan besessen!« oder: »Ihr kommt alle in die Hölle!« Glücklicherweise handelte es sich hierbei um extreme Fehleinschätzungen über unser wahres Wesen.

Dennoch trafen mich ihre Worte, weil mein damaliges spirituelles Weltbild mangels Bewusstheit noch sehr durch christliche Vorstellungen geprägt war. Und so befürchtete ich als junger Mensch, dass die Worte meiner Großmutter – wider jeder Vernunft – wahr sein könnten.

Obwohl ich mir keiner besonderen Schuld bewusst war, abgesehen von den üblichen Streichen, die man seiner Großmutter als Kind spielt, erlitt ich in meiner Kindheit und Jugend ein religiöses Trauma. Ohne es zu wissen, befand ich mich schon früh in der Gesellschaft vieler Menschen, deren Geist ebenfalls durch Angst einflößende, religiöse Bilder geschädigt war.

Wenn man in einer christlichen Kultur aufwächst, wie sie im Westen verbreitet ist, nimmt man bestimmte Vorstellungen in sich auf, egal, ob man ein gläubiger Mensch ist oder Atheist. Es soll Menschen geben, die an einen Satan glauben, aber nicht an einen Gott. Auch hier sieht man die dualistische Prägung eines christlichen Umfeldes, wobei sich diese Menschen aber zum sogenannten Bösen hingezogen fühlen (das nicht existiert) und die Existenz eines Gottes (der auch nicht existiert) ausschließen. Wenn man aber denkt: »Gott gibt es nicht«, so befindet er sich bereits als Thema im Bewusstseinsfeld.

Versuche, jetzt nicht an einen rosafarbenen Elefanten zu denken. Und schon entstehen innere Bilder eines rosafarbenen Elefanten. Offensichtlich wird man durch das kulturelle und gesellschaftliche Umfeld geprägt und trägt bestimmte geistige Vorstellungen in sich.

Erst viele Jahre später löste sich das religiöse Trauma auf, das mich bis dahin sehr gequält hatte. Ich traf auf einen Mann, der das Phänomen des religiösen Traumas kannte und erklären konnte. Ich fühlte sofort, dass ich davon betroffen war, und diese Erkenntnis war die größte Hilfe zur Auflösung des Traumas.

Wenn das spirituelle Erwachen erfolgt, wird an alten Weltbildern gerüttelt, auch am üblichen Weltbild von Gott. Nun wird erkannt, dass »Gott« kein von uns getrenntes Wesen ist, sondern unsere eigene, wahre Essenz bedeutet.Wenn wir nicht göttlich wären, könnten wir nicht leben. Es gibt keine Trennung, und davon gibt es keine Ausnahme. Man kann nicht sagen: »Alles ist eins« und davon eine Ausnahme machen, die lautet: »Und dann ist da noch Gott.« Du bist es selbst. Das ist weder Blasphemie noch Irrglaube, sondern die einfache Erkenntnis dessen, was ist.

Religiöser Glaube ist zunächst vielleicht hilfreich, um auf dem spirituellen Weg zu bleiben. Doch letzten

Endes bildet er viele Hindernisse vor der Erkenntnis. Wenn du aus dem Traum des Ichs erwachst, kannst du direkt sehen, dass alles untrennbar und unsterblich miteinander verbunden ist. Und auch hier gilt es, vorsichtig mit Worten umzugehen, denn mit »alles« meine ich das Eine, das keine Unterscheidung kennt. Ich erwähnte es schon irgendwo: Alles ist eins, es sieht bloß unterschiedlich aus.

Beten hilft

Ein Gebet kann helfen, denn ohne, dass es bisher vielleicht klar war, sprechen wir dann zu unserer eigenen Essenz, anstatt – wie wir bisher vielleicht glaubten – zu einer von uns getrennten Instanz. Wäre das Göttliche wirklich getrennt von uns, wie könnte dann ein Gebet den Empfänger erreichen?

In einem Gebet sprechen wir mit uns selbst, oder anders ausgedrückt: Das Sein spricht mit sich selbst. Und deshalb kann es auch hören, was gesagt wird und in seiner Weise antworten. Erfährst du göttliche Hilfe, erfährst du Selbsthilfe. Das Ego kann das aber nicht erkennen, und darum glaubt es, Gott sei ein unabhängiges, übermächtiges Wesen. Entfällt das Ich, erkennt das Sein sich selbst als alles. Hierzu fällt mir ein schöner Ausspruch ein: »Sei still und wisse, ich bin Gott.«

Big Bang

Es gibt spirituelle Bücher und Lehrer, die das Sein in Form und das Formlose oder in Bewusstsein und das Absolute unterscheiden. Diese Konzepte sind zunächst hilfreich, um zu begreifen, dass alles in diesem Einen auftaucht.

Die Vorstellung, dass alles zusammen irgendwann einmal zusammen erschaffen wurde, kann ein Gefühl des Einsseins bewirken, was auf dieser Ebene des Daseins hilfreich ist. Denn so verringert sich das trennende Denken, im Inneren wird es friedlicher und auch das sogenannte Außen zeigt sich von einer angenehmeren Seite. Doch die Unterscheidung von dem Formlosen und den darin erscheinenden Formen birgt einen Fehler. Allein, weil schon unterschieden wird, kann keines von beiden das Eine sein. Das Sein ist es. Jenseits des Seins ist nichts.

Hier gilt es aufzupassen, um einem weiteren Missverständnis vorzubeugen. Es gibt kein »Nichts« oder »Absolutes«, aus dem das Sein erscheint. Das Sein (zur Verdeutlichung könnte man es auch »Seinen« nennen, das Geschehen an sich, obwohl es dieses Wort als Verb natürlich nicht gibt) ist alles. Es wurde nicht aus einem absoluten Potenzial erschaffen, um dann irgendwann wieder zu verschwinden. In der Wissenschaft werden gern zyklische Modelle über Universen oder »Multiversen« angenommen. Jedoch handelt es sich bei diesen Modellen ausnahmslos um Annahmen, die alle nur im gegenwärtigen Moment getroffen werden und das Konzept Zeit benötigen.

Ohne das Vorhandensein des Seins gäbe es keinerlei Annahmen oder Konzepte. Aber es existiert kein Nicht-Sein, und die offensichtliche Folge davon ist, dass ständig Inhalte in jeder Form auftauchen, auch in Form von gedanklichen Konzepten. Zusammengefasst kann man sagen, dass das Formlose niemals in der Vergangenheit Form angenommen hat, damit jetzt alles existiert. Denn das setzt das Vorhandensein von Zeit voraus, die es nicht gibt.

Diese Tatsache kann man nicht ohne Weiteres verstehen, weil sie anders erscheint: als gegensätzliche Formen, Gedanken, Gefühle, menschliche Körper und andere, scheinbar voneinander getrennte Materie. Aber im direkten Erkennen wird klar: Das hier ist es. Jenseits davon ist nichts.

Warum alles im zeitlosen Jetzt so ist, wie es ist, ist ein Mysterium. Und es ist auch bedeutungslos, denn wenn ein scheinbar unruhiges Ich mit seiner Frage nach dem »Warum« als vorübergehende Illusion durchschaut wird oder gar nicht mehr auftaucht, ist alles in Ordnung und still.

Außerirdisch

Gibt es Außerirdische? Die Antwort darauf ist einfach, aber womöglich schwer zu akzeptieren: Sobald Außerirdische in unserem Gewahrsein auftauchen, gibt es sie. Sind sie nicht da, gibt es sie nicht.

Durch das laufende Spiel des Bewusstseins glauben wir, ein getrenntes Individuum zu sein. Durch diesen Irrglauben wird die vorhandene Einheit gedanklich in Billionen Fragmente zerlegt und jedem dieser Fragmente eine Lokalisation, ein Ort, zugeschrieben.

Wir glauben, dass hier etwas geschieht, was Zeit und Raum erfordert. Der sogenannte Verstand kann nicht erkennen, dass nur der gegenwärtige Moment die einzig existierende Wirklichkeit ist. Es tauchen gedankliche Geschichten mit Bildern und Gefühlen auf, die auf eine Vergangenheit oder eine Zukunft hinweisen. So entsteht ein Zeitgefühl, das nur bei Vorhandensein eines Ichs existieren kann. Genauso tauchen Vorstellungen über Orte auf, an denen wir angeblich schon einmal gewesen sind oder an die wir vielleicht gern einmal reisen würden.

Die Gegenwart, das Jetzt, das Sein, oder wie wir es auch nennen möchten, funktioniert auf geheimnisvolle Weise. Es konfiguriert sich sozusagen – und das ist auch nur ein nützliches Konzept – zeitlos und immerwährend in der Gegenwart um. Allein schon dieser Sachverhalt scheint ein unlösbares Paradoxon zu sein. Tatsächlich gibt es nur diesen Moment und das, was darin erscheint. Alles wird vom Sein gemacht.

Manchmal frage ich während eines Vortrags die Zuhörer: »Wo ist London?« Als Antworten kommen interessante Erklärungen und geografische Angaben, wo sich die Hauptstadt Englands angeblich befindet. Doch London existiert nicht, außer in deiner Vorstellung (es sei denn, du sitzt jetzt gerade dort in einem Park und liest dieses Buch).

Es handelt sich um das direkte Erkennen, dass es keine Zeit und keinen anderen Ort gibt als diesen hier. Und ohne Zeit kann nichts geschehen – es gibt weder Ursache noch Wirkung. Deshalb warst du niemals in London, es sei denn, du bist jetzt dort. Und Außerirdische existieren nicht, es sei denn, du trinkst jetzt vielleicht mit ihnen zur freundlichen Begrüßung im Hyde Park einen Tee.

Weniger ist mehr

Spirituelle Übungen oder Verstehen sind keine Voraussetzungen für Erleuchtung, weil alles schon erleuchtet ist. Das wird bloß selten erkannt.

In diesem Spiel, das hier auf geniale Weise läuft, sieht es bloß manchmal so aus, als ob das Eine zum Anderen führen würde. Das ist aber nicht so, weil es keinen Zeitablauf gibt. Und ohne Zeit gibt es weder Ursache noch Wirkung. Nichts führt zu irgendetwas. Um sogenannte Erleuchtung zu erfahren, benötigst du nicht noch etwas Zusätzliches, sondern die vorhandene Illusion, ein Ich zu sein, das noch etwas erlangen will, darf verschwinden. Weniger ist hier mehr. Ich erwähnte schon an anderer Stelle, dass die spirituelle Suche nur in Zusammenhang mit einem illusionären Ich auftritt. Löst sich die Identifikation damit auf, löst sich auch die spirituelle Suche auf. Das Sein erkennt sich selbst, und dass es schon immer so ist, wie es ist.

Wenn ich etwas empfehlen würde, dann vielleicht, sich hinzusetzen und zu registrieren, was an »inneren Inhalten« erscheint. Anders gesagt, beobachte alle auftauchenden Gedanken und Gefühle. Du wirst erkennen, dass du sie beobachten kannst und deshalb nicht die Inhalte selbst bist, sondern eher wie ein stiller Beobachter. In diesem Spiel scheinen gewisse Regeln zu gelten und manchmal scheint es so zu sein, dass das Beobachten der Inhalte zu einer Auflösung der Identifikation mit ihnen führt. Aber nichts führt zu irgendetwas. Es kann erkannt werden, dass alles im Licht des einen Bewusstseins erscheint und dadurch schon erleuchtet ist. Ein Streben nach persönlicher Erleuchtung ist daher sinnlos. Dieser Dirk Hessel-Charakter kann das mit einiger Überzeugung sagen, weil er innerhalb dieser Geschichte selbst jahrelang nach Erleuchtung gesucht hatte. Und als dann die Identifikation mit der persönlichen Identität plötzlich zerbrach, wurde klar, was in diesem Buch beschrieben wird.

Versuche nicht, etwas Neues zu erlangen, sondern versuche eher, deine eigene Illusion zu durchschauen. Du brauchst nicht noch mehr Bücher zu lesen, anstrengend zu üben oder irgendwo da draußen herumzulaufen, auf der Suche nach Erleuchtung. Bleibe bei dir und schaue nach, ob du erkennen kannst, was alles an Gedanken und Gefühlen auftaucht. Das ist ein guter Start, um das Ich zu durchschauen, was aber auch nur auf der Spielebene von »Maya« eine Bedeutung hat.

Die suchende Figur ist Teil der Illusion. Das Eine sucht sich selbst und hat sich für eine Zeit innerhalb dieses Spiels in einer scheinbar komplizierten, menschlichen Figur versteckt und sich so, mit vollkommener Faszination für die erschaffene Komplexität, vor sich selbst verschleiert.

Das hier ablaufende, große Spiel ist wie das Kinderspiel »Blinde Kuh«. Wenn die Augenbinde herunterfällt, wird alles erkannt. Aber beeinflussbar ist das nicht, und deshalb ist persönliche Erleuchtung weder notwendig noch möglich. Alle Erscheinungen des Seins sind gleichwertig, denn das Licht des Bewusstseins erleuchtet unterschiedslos alles.

Wer sind wir mit unserer spirituellen Suche? Das. Wer sind wir ohne unsere spirituelle Suche? Das. Was geschieht ohne ein Du oder ein Ich? Das. Es ist nur Das. Sein, dies hier, mit und ohne persönliche Note, ist die wahre Natur. Das zu erkennen, ist Erleuchtung.

Eine (un-)persönliche Geschichte

Das Spiel des Lebens besteht aus Geschichten, und Menschen sind von ihnen fasziniert. Aber alle Geschichten tauchen nur in der Gegenwart auf, auch wenn sie sich auf eine scheinbare Vergangenheit beziehen. Diese Vergangenheit existiert nicht.

Deshalb gilt es zu verhindern, dass aus der folgenden Geschichte eine persönliche Handlungsmöglichkeit abgeleitet wird, die angeblich dazu führen kann, zu erwachen. Wachheit (das Licht des Bewusstseins) ist erstens schon vorhanden und zweitens nicht zu personalisieren. Nichts und niemand kann daran etwas ändern oder eine Entwicklung beschleunigen. Man kann nichts tun, es passiert oder es passiert nicht; und dies vorausgeschickt, erzähle ich nun, wie meine spirituelle Suche verlief.

Seit meiner Kindheit war ich auf der Suche nach dem nicht Greifbaren im Leben. Schon früh spürte ich, dass mich etwas umgab, was ich weder sehen noch anfassen konnte und viel größer war als ich. Es war wie ein unsichtbares Leuchtfeuer, das mir Orientierung gab. Zunächst kam ich mit der üblichen, christlichen Vorstellung von »Gott« in Kontakt, dem vorherrschenden religiösen Leitbild unseres Kulturkreises. Im Erwachsenenalter verlor ich den Bezug zur Religion. Doch immer wieder tauchten Hinweise auf, nicht das zu sein, für was ich mich hielt: ein abgetrenntes Individuum, in diese Welt hineingeworfen und allein gelassen. Da ich diese Hinweise allerdings nur selten erkannte, begab ich mich zunächst auf einen normalen Weg. Ich studierte an einer Universität, arbeitete als medizinische Fachkraft in einer Klinik, war Manager eines internationalen Unternehmens und Autor bei einer Fernsehserie. Ausgelöst durch persönliches Leid geriet ich währenddessen auf den Weg des spirituellen Suchers. Nun war meine Person mit »noblen« Ideen ausgestattet. Ich las Hunderte spirituelle Bücher, besuchte viele Seminare und probierte alle möglichen esoterischen Methoden aus. Ich war der festen Überzeugung, in meiner Entwicklung gut voranzuschreiten.

Jahrelang dachte ich über spirituelle und philosophische Theorien nach und versuchte, die gewonnenen Erkenntnisse nutzbringend für mich anzuwenden. Schließlich brachte mich das Leben zum Beruf des Heilpraktikers, und eines Tages brach ich auf dem Weg zur vermeintlichen Erleuchtung zusammen. Geistig ausgelaugt und zugemüllt mit uneinheitlichen spirituellen Konzepten konnte ich kaum noch meine täglichen Aufgaben erfüllen. Mein Kopf schwirrte und mein Körper war erschöpft.

Jeder sogenannte Meister sagte in seinen Büchern etwas anderes und hatte andere Empfehlungen für meine spirituelle Entwicklung. Trotzdem redete das Ego weiter: »Nur noch dieses Seminar, diese energetische Technik und dieses Buch, und dann wirst du es geschafft haben. Dann wirst du am Ende deines Weges sein, erleuchtet und frei.« Seltsam war nur, dass ich mich trotz aller Bemühungen nicht aus dem Würgegriff meines inneren Antreibers befreien konnte.

Ich wusste nicht mehr, was ich tun sollte. Das Einzige, was jetzt noch klar auftauchte und immer dringlicher wurde, war der Wunsch, die spirituelle Suche zu beenden. Ich wusste aber nicht, wie, und fühlte mich wie ein Abhängiger.

Eines Tages setzte ich mich in die U-Bahn, um in die Kölner City zu fahren. In meiner Ratlosigkeit begann ich spontan, ein inneres Gebet zu sprechen. Egal, wer oder was meine Worte hören würde, es solle mir bitte einen menschlichen Lehrer schicken, der mir helfen könnte, meinen Weg zu beenden. Danach dachte ich nicht mehr an diese Situation und verrichtete mein übliches Tagewerk.

Zwei Tage später öffnete ich den Briefkasten. Darin lag ein gefalteter Zettel, auf dem nur ein Satz, ein Datum und eine Ortsangabe standen. Ich stutzte, denn den wenigen Worten konnte ich sofort entnehmen, dass sich der Absender intensiv mit dem spirituellen Dasein beschäftigt haben musste. Aber wie konnte jemand wissen, auf welchem Stand ich zurzeit war, und wie hatte das Schreiben zu mir gefunden? Nur selten sprach ich über spirituelle Dinge, und wenn doch, bezweifelte ich, dass jemand meinen Weg verstand. Nach einigem Zögern beschloss ich, der anonymen Einladung zu folgen.

Zwei Tage später traf ich meine letzte Lehrerin. Obwohl wir uns nicht kannten, begrüßte sie mich wie einen vertrauten Freund, auf den sie gewartet hatte.

Ich setzte mich hin und hatte den Impuls, ihr alles über meine vermeintlich wichtigen Erkenntnisse zu berichten. Wortlos sah sie mich mit durchdringendem Blick an, hörte mir zu, und irgendwie beschlich mich das Gefühl, dass ich mich durch meine Erzählungen immer weiter aufs Glatteis begab. Ich hielt in meiner Erzählung inne. Die Frau sah mich an und sagte: »Du bist nur ein Gedanke.« Sie wiederholte diesen Satz, aber dieses Mal wesentlich intensiver: »Du bist nur ein Gedanke!«

Ich fühlte, dass sie damit etwas Wichtiges gesagt hatte, aber zu diesem Zeitpunkt konnte ich die genaue Bedeutung ihrer Aussage noch nicht erfassen. Wir unterhielten uns weiter über verschiedene spirituelle Themen, und danach traf ich die Frau nur noch wenige Male.

Nach kurzer Zeit war ich wieder auf mich allein gestellt. Einige Tage später wachte ich mitten in der Nacht auf und der Satz »Du bist nur ein Gedanke« kreiste ständig in meinem Kopf herum. Irgendwann formulierte er sich um, sodass er einen Ichbezug erhielt. »Ich bin nur ein Gedanke«, lief es nun unaufhörlich in mir ab, »Ich bin nur ein Gedanke«. »Was ist damit gemeint, wessen Gedanke bin ich?«, fragte ich mich. Es ergab alles keinen Sinn.

Doch plötzlich wurde dieser Satz wie aus einer Distanz wahrgenommen, und mit einem Schlag war klar, was hier geschah. »Ich bin nur ein Gedanke« war einfach nur der Gedanke selbst, der im Inneren plapperte und nun vom Bewusstsein wahrgenommen werden konnte. Was er mit seinen Worten sagte, war vollkommen bedeutungslos. Mit einem Mal wurde erkannt, dass alle Gedanken, inklusive denen, die das Wort »ich« enthalten, nicht das sind, was ich in Wahrheit bin. Das »Ich«, für das sich das Bewusstsein jahrzehntelang hielt, war einfach nur ein Wort, eine Aneinanderreihung von Buchstaben und Lauten, ohne jede Bedeutung. Das Wahrnehmen von Gedanken findet statt, aber es existiert niemand Persönliches, der das tut. Ein wirkliches Ich hatte es nie gegeben.

Durch diese spontane Erkenntnis zerbrach die Identifikation mit dem gedanklichen Ich schlagartig und starke Angst überfiel die scheinbar immer noch vorhandene Person. Mein Körper reagierte mit panikartigen Schüben, Tränen und Todesangst, und ich weiß nicht, wie lange es andauerte.

Irgendwann wurde es vollkommen still. Es war so, als ob das Bewusstsein plötzlich aus dem Körper herausgelöst wurde und nur noch kristallklare Präsenz vorhanden war, die sich anfühlt wie allumfassende Liebe. Mein Körper, meine Gedanken und Gefühle spielten keine Rolle mehr. Besser kann ich es nicht beschreiben, denn zu diesem Zeitpunkt war kein persönliches Ichgefühl mehr vorhanden.

Ich weiß nicht, wie lange dieser Zustand anhielt, aber es wurde gesehen, dass er schon immer da war und das dies der freie, natürliche Seinszustand ist. Dirk Hessel schlief ein. Am nächsten Morgen wachte ich auf und die Welt sah aus, als ob ein Künstler sie mit frischer Farbe angemalt hätte. Alles wirkte neu und vollkommen, und ich hörte draußen die Vögel zwitschern. Und noch etwas anderes war neu: Ein Gefühl von Freude, stiller Verbundenheit und tiefem Frieden war anwesend, etwas, das ich so noch nie gefühlt hatte. Ich setzte mich auf und musste laut – und ich glaube ziemlich lange lachen. Wieder liefen Tränen herab, aber dieses Mal vor unbeschreiblichem Glück. Die Suche war beendet. Das Leben hat sich gesucht und gefunden und ein »Ich« konnte nichts daran ändern.

Jetzt ist das Leben einfach, ruhig und schön. Die Gedanken kommen und gehen, sie werden nicht mehr ernst genommen und bedeutungslose Dinge geraten in Vergessenheit. Das sogenannte Erwachen geschieht spontan und ist weder zu beschleunigen noch zu verhindern. Wenn die Identifikation mit einem scheinbar anwesenden Charakter zerfällt, erkennt das eine Leben sich selbst. Es erwacht aus dem Traum, eine Person zu sein. Wobei ich noch einmal erwähnen möchte, dass das eine Bewusstsein bereits vollkommen wach ist und nicht noch wacher werden kann. Es handelt sich hier nur um gedankliche Modelle, um das ablaufende Geschehen begreiflicher zu machen.

Häufig scheint es in diesem Spiel des Lebens so zu sein, dass auch nach dem sogenannten Erwachen bestimmte Phasen durchlaufen werden. So ist es wohl manchmal der Fall, dass die Identifikation mit dem Ich wieder zurückkehrt. Aus Sicht der scheinbaren Person, die dann wieder auftaucht, fühlt sich dieser Vorgang wie ein Rückschlag an. Nicht selten erscheinen dann Niedergeschlagenheit und Verärgerung und der dringende Wunsch, den vorherigen Zustand wieder zurückzuerlangen. Doch das »Einschlafen« ist nicht zu verhindern, weil es ein gleichberechtigter Bestandteil des Lebens ist.

In anderen Fällen scheint das Durchschauen der Ich-Identifikation beständiger zu sein. Es kommt auch darauf an, zu erkennen, dass das Ich nicht beseitigt werden muss. Für unser Dasein ist es praktisch und vorteilhaft, wenn man mit anderen Charakteren kommunizieren kann. Deshalb sind manche der ichbezogenen Gedanken und Gefühle sogar recht hilfreich. Auch wenn erkannt wird, dass hier niemand in Person ist, wird die meiste Zeit so getan, als ob hier eine Person sei. Aber auch dieses »als ob«-Tun kann nicht persönlich gesteuert werden. Es geschieht einfach.

Erwacht das Leben aus der Illusion, klein und begrenzt zu sein, vergisst es das vielleicht manchmal wieder, aber die Erinnerung an die eigene wahre Natur taucht wieder auf. Das Ich als illusionäre Figur kommt und geht und braucht nicht bekämpft zu werden, weil es zum Ganzen dazugehört.

Mehr Leichtigkeit stellt sich ein, wenn alle auftauchenden Inhalte nicht mehr so ernst genommen werden. Deswegen heißt es »Spiel des Lebens«. Spiele einfach mit, egal was geschieht.

Endlich wach

Wenn die Person als Illusion durchschaut wird, schließt sich oft eine Phase der Integration an.

Das Sein, das hauptsächlich geistiger Natur ist, benutzt den Körper, um zur Erkenntnis über sich selbst zu gelangen. Das geistige Erkennen der Zusammenhänge geschieht manchmal blitzartig. Der Körper scheint auf dieser Spielebene etwas träger zu sein, sodass er der geistigen Entwicklung manchmal etwas hinterherhinkt. So kann es vorkommen, dass der »frisch erwachte Mensch« für eine Weile nicht mehr so in der Welt agieren kann, wie es zuvor der Fall war. Bei mir war es so, dass ich für einige Monate zurückgezogen lebte und nur wenig mit der Außenwelt kommunizierte. Doch nach dieser Phase wurde das Leben wieder gewöhnlicher.

Häufig wird mir die Frage gestellt: »Wenn hier niemand ist, wozu soll ich mich noch anstrengen und etwas tun? Dann könnte ich genauso gut auf meinem Sofa sitzen bleiben und faul sein.« Im Prinzip stimmt das. Aber wahrscheinlich bleibt man nicht sitzen, wenn man aktiv veranlagt ist.

Die im Sein auftauchenden Charaktere haben ein bestimmtes Naturell, und deshalb bleiben auch nach dem sogenannten Erwachen die gegebenen Charaktereigenschaften größtenteils erhalten.

Weil die meisten Menschen aktive und schöpferische Wesen sind, verfolgen sie aktive und schöpferische Tätigkeiten. Das unterbleibt nicht, wenn ein Erwachen stattgefunden hat. Du darfst faul sein oder aktiv, ganz wie es dir gefällt. Vieles läuft weiter wie bisher, bloß wird es nicht mehr so ernst genommen. Weiterhin tauchen auch hier Wünsche auf, gern nach einer Tasse Tee oder einem Stück Kuchen, und normale Aktivitäten finden weiterhin statt. Wenn das nicht so wäre, könntest du diese Zeilen nicht lesen, weil sie nicht geschrieben worden wären.

Spiritualität

Spiritualität hat keinen eigenständigen Sinn. Es ist einfach ein Wort für das, was sowieso schon geschieht. Falsch verwendet, wird es zu einem mentalen Konzept, das mit einem Anschein von Heiligkeit versucht, das Eine in zwei zu zerteilen. Auf der einen Seite befindet sich dann der spirituelle Teil und auf der anderen Seite der nicht spirituelle. Hierin kann sich die Wertung verstecken, dass das eine besser sei als das andere. Und schon haben wir ein wunderbares Beispiel, wie ein spirituell getarntes Ego durch gedankliche Vorstellungen Spaltung erzeugt.

Der spirituellste Gedanke ist der, der gar nicht erst auftaucht, weil so etwas wie Spiritualität nicht getrennt von etwas anderem existiert. Denn das würde voraussetzen, dass auch das Gegenteil davon, die Nicht-Spiritualität existiert. Doch alles taucht nur in dem einen Bewusstseinsfeld auf: das Bewusstsein, das sich seiner selbst bewusst ist und alle darin auftauchenden Inhalte. Dazu gehören auch alle gedanklichen Konzepte – ohne Ausnahme.

Nichts ist entweder spirituell oder nicht spirituell. Alle gedanklichen Konzepte, auch die, die scheinbar etwas Gegenteiliges behaupten, sind nur Bewusstseinsinhalte in verschiedener Form. Das Konzept der Spiritualität weist lediglich auf einen Bewusstseinsraum hin, der über die normale, oberflächliche Ebene des Daseins hinausreicht. Alles befindet sich in einem Bewusstseinsfeld und ist nicht voneinander zu trennen. Mit dieser Erkenntnis wird das Konzept von Spiritualität überflüssig, außer man benutzt es als Wegweiser zur eigenen Essenz.

Der Buddha sagte: »Erleuchtung ist das Ende allen Leidens.« Mein zusätzlicher Hinweis lautet: Erleuchtung ist das Ende aller Konzepte und damit auch der Vorstellung einer vom Ganzen abgekoppelten Spiritualität.

Wenn du dich laufend damit beschäftigst und identifizierst, ein spiritueller Mensch zu sein, verstärkt das dein Ego weiter. Durch dieses Konzept wird es beinahe unsichtbar, weil es sich nun hinter einer noblen, »spirituellen« Maske verbirgt. Dadurch ist es nur noch schwer zu entlarven.

Das spirituelle Ego ist der größte Gegenspieler für steigende Bewusstheit. Versuche einmal, den Raum des Bewusstseins zu verlassen. Kann das gelingen? Selbst die tiefste Meditation, in der nichts mehr zu sein scheint, geschieht innerhalb des einen Bewusstseins.

Welche Rolle spielen also irgendwelche spirituellen Konzepte? Ein Ich will ein besseres, spirituelles Ich sein und sucht innerhalb dieses Rahmens nach einem Sinn. Lasse diesen Wunsch los und das Sein geschehen.

Das größte Hindernis

Das größte Hindernis beim spirituellen Wachstum ist das Streben nach spirituellem Wachstum. Oft hält uns die spirituelle Suche vom bewussten Erleben der präsenten Gegenwärtigkeit ab, weil wir durch unsere Gedanken und Gefühle dauernd damit beschäftigt sind, unseren spirituellen Entwicklungsstand zu überprüfen. Man kann es auch so ausdrücken, dass uns die Suche vom Finden des Gesuchten abhält.

Persönliche Erleuchtung oder persönliches Erwachen sind Fantasien, die innerhalb des Spiels des Bewusstseins als gleichwertige Spielelemente auftauchen. Lösen sich diese Fantasien auf, bist du vom vermeintlich nobelsten Drang des Ego – ein erleuchtetes Ich zu werden – befreit. Jetzt hast du mehr Freiheit, Ruhe und Freude gewonnen. Das spirituelle Wachstum geschieht, wie es geschieht und nicht, wie ein scheinbares Ich es haben möchte. Ob du ein Brot backst, das Badezimmer putzt, Tantra-Praktiken übst oder ein Unternehmen leitest – das spirituelle Wachstum ist nicht zu beeinflussen. Scheinbare Hindernisse tauchen auf und verschwinden wieder. Oder auch nicht. Wenn das Sein sich selbst auf die Stirn küsst, was man Gnade nennen könnte, kommt es zum sogenannten Erwachen aus dem Traum der Getrenntheit.

Vielleicht ist es auf praktischer Ebene hilfreich, Bereitschaft zu entwickeln für alles, was sich zeigen will, und die Bereitschaft zu haben, das Streben nach spirituellem Wachstum loszulassen.

So kannst du dir vorstellen, mehr Raum für das Licht zu schaffen, das du bist und das sich vollständig zeigen will. Aber auch das ist nur ein gedankliches Modell, das nichts beschleunigen kann.

Ich hatte eine Lehrerin, die zu mir sagte: »Du kannst den Fluss nicht schieben.« Ich finde, schöner kann man die Wahrheit des Lebens nicht ausdrücken.

Die größte Herausforderung

Die größte Herausforderung im Leben ist es, zu erkennen und zu akzeptieren, dass du nur ein Gedanke bist, dass es kein Ich gibt und dass demzufolge niemand hier und dort als Person existiert. Diese Aussage erzeugt häufig Unruhe oder Angst. Das kleine Ich fühlt sich von diesen Worten bedroht und will sich gegen sie schützen, weil es glaubt, Kontrolle und ein Eigenleben zu haben. Worte, die aus einer tiefen Erkenntnis stammen, erzeugen bei vielen Menschen Abwehr und ein Gefühl der Machtlosigkeit.

Doch ist die Kraft dieser Worte erst einmal tiefer gesunken, kann sich das Gefühl der Machtlosigkeit in ein Gefühl von grenzenloser Freiheit verwandeln.

Es ist sehr herausfordernd, Bereitschaft für eine grundlegende Bewusstseinsänderung aufzubringen. Doch mache dir hierüber keine Sorgen, denn du kannst diesen Prozess weder verhindern noch beschleunigen. Es geschieht, wenn es geschieht. Ist die Substanzlosigkeit des illusionären Ichs erst einmal akzeptiert, kann es trotzdem sein, dass noch Gedanken auftauchen, die auf eine Vergangenheit hindeuten. Vielleicht glaubst du noch, dass du in einer Vergangenheit etwas angerichtet hast oder dir

etwas angetan wurde. Doch nichts davon ist wahr, weil es niemanden gibt, der etwas anrichten kann oder dem etwas angetan worden sein kann.
Es existiert keine getrennte Person, sondern alles ist das Eine. Ich wiederhole diese Worte immer wieder, damit sie die Egoschichten durchdringen und den Kern des Seins treffen. Anders ausgedrückt, das Sein spricht zu sich selbst, und wenn die Ablenkung der Ich-Illusion zerfällt, kann es seine eigenen Worte in voller Klarheit empfangen.

Und schon sind wir bei der nächsten großen Herausforderung: zu akzeptieren, dass du absolut unschuldig bist und dass auch jeder Andere absolut unschuldig ist. Es ist nichts geschehen, weil es keine getrennten Personen gibt, und es ist auch deshalb nichts geschehen, weil es keine Zeit gibt, in der etwas geschehen könnte. Aber das ist ein Thema, über das ich an anderer Stelle schon gesprochen habe. Akzeptiere, dass es dich nicht gibt, dass nie etwas geschehen ist und dass deshalb alles unschuldig ist.

Ich habe nichts getan

Aus der Erkenntnis, dass es keinen Denker gibt, folgt, dass niemand Persönliches da ist, der denkt. »Ich denke« ist auch nur ein Gedanke, der keine eigene Identität hat, und nicht selbstständig denken kann. Eine Buchstabenzeile kann sich weder weitere Zeilen ausdenken noch etwas tun.

Weil es keine Person gibt, die eine Tat begehen kann, existiert keine persönliche Täterschaft. Das bedeutet aber nicht, dass du jetzt losgehst und Leute umbringst, nach dem Motto: »Ich war es nicht, da es mich ja nicht gibt.« Hinter allem Geschehen steht kein *persönliches* Handeln.

Dinge geschehen, und daraufhin geschehen weitere Dinge, die wir Konsequenzen nennen. Die Einsicht, dass weder persönliches Tun noch persönliche Verantwortung existieren, wird keinen Amoklauf zusätzlich auslösen. Grundlegende Prägungen und Neigungen des Körperorganismus bleiben bestehen und bestimmen weiterhin unsere Aktionen.

Hast du keine Veranlagung dazu, ein Mörder zu sein, tötest du nicht. Außerdem bedeutet die Nichtexistenz eines persönlichen Ich nicht, dass die Umwelt auf eine Gewalttat mit Nachsicht reagiert. Erschießt ein Körperorganismus einen anderen, wird der Schütze wahrscheinlich hinter Gitter kommen. Das Ganze ist wie ein Spiel, das gewissen Regeln folgt. Es gibt dich zwar nicht, aber indem du etwas tust, geschieht es.

Volles Potenzial

Es gibt viele Gründe, warum die Menschen nicht ihr volles Potenzial leben. Ein wichtiger Aspekt bei der Blockierung des Potenzials ist die Identifikation mit einer sogenannten Vergangenheit und der Irrglaube, dass man das Produkt dieser Vergangenheit sei.

»Die Summe meiner Erfahrungen ist das, was mich ausmacht.« Häufig definieren wir uns über einen Stapel Papiere, wie unseren Schulabschluss oder einen ausführlichen Lebenslauf, in dem wir präsentieren, wer wir sind. Stellt jemand unsere schwarz auf weiß dokumentierte Lebensgeschichte und unser Wissen infrage, greift er damit unsere eingebildete Identität an. Hierdurch entsteht das Angst machende Gefühl, angegriffen zu werden.

Das Gedankenmuster »Ich bin das Produkt der Vergangenheit« erscheint häufig und dabei wird selten erkannt, dass es einfach nur im Licht der Gegenwart erscheint. Die dazu auftauchende Geschichte über eine angebliche Vergangenheit wird automatisch geglaubt. Ist man von diesem Gedanken hypnotisiert, kann man nicht in seinen wahren Lebensausdruck kommen, denn obwohl man jetzt erwachsen ist und sich in der Gegenwart befindet, sollen anscheinend noch andere Personen, wie zum Beispiel die Eltern für das derzeitige persönliche Leid verantwortlich sein.

Können diese Personen vom Ego aus irgendeinem Grund nicht beschuldigt werden (was aus dessen Sicht nur selten vorkommt), gibt man stattdessen seinem früheren Ich die Schuld für das eigene angebliche Versagen in der Vergangenheit. Der illusionäre Ich-Apparat, das Ego, braucht die Vergangenheit als Sündenbock und Identifikationsfläche.

Doch wir sind nicht das Produkt unserer Vergangenheit. Wir sind der Ausdruck dieses Moments – dessen, wie jetzt gefühlt, gedacht und gehandelt wird. Sobald wir alle Gedanken, eine Vergangenheit betreffend, nicht mehr glauben, sind wir frei. Aber ganz so leicht ist es nicht, denn normalerweise ist die Identifikation mit dem Ich sehr stark, die illusionäre Person leidet, und häufig glauben wir, dass wir dauerhaft an dieses Leid gebunden sind.

Ein weiterer Grund, nicht sein Potenzial leben zu können, ist die Angst vor unserer wahren Natur. Zwar gibt es eine Suche nach der Quelle, die wir sind, aber gleichzeitig unternimmt das Ego der suchenden Person alles Mögliche, um diese Suche zu sabotieren. Wenn die wahre Natur – das Sein – erkannt ist, wird die Identifikation mit einem Ich überflüssig. Und genau davor hat die Seifenblase »Ich« Angst. Sie will nicht vom Licht des Bewusstseins als Seifenblase erkannt werden. Denn dann würde sie sich einfach auflösen. Anders ausgedrückt, haben die Menschen Angst vor der wahren, bedingungslosen Liebe, weil ihr Erscheinen viele Egostrukturen beseitigen würde. Das illusionäre Ich besteht vom emotionalen Aspekt her betrachtet hauptsächlich aus Angst, und deshalb fürchtet es das klare Licht des Bewusstseins und das Durchschauen der Illusion. Das Ego will die Kontrolle über alles behalten, was nicht funktionieren kann, weil sich die zeitlose Gegenwart ständig umkonfiguriert.

Für uns gilt es, an nichts festzuhalten, sondern Vertrauen in das Leben zu entwickeln. Das Naturell des Ego entspricht allerdings dem genauen Gegenteil. Es hat Angst vor Kontrollverlust, kann dagegen aber nichts ausrichten, weil die Zukunft nicht planbar ist.

Ebenso bringt das vermeintliche Ich Angst aus einer scheinbaren Vergangenheit mit – als sogenannte Erfahrung. Es hat Angst vor dem Licht der Gegenwart, das es sofort auflösen würde, und es hat Angst vor der Zukunft, weil es nicht weiß, was noch alles geschehen wird. Da Angst aber ein integraler Bestandteil des Ichs ist, wird an ihr festgehalten. Hier läuft ein Gedankenmuster ab, das lautet: »Wer wäre ich ohne meine Angst?«

Viele gedankliche Muster können uns von einem schöpferischen Leben in der Gegenwart ablenken. Unter kreativen Menschen gibt es ein besonders Beliebtes: »Wenn ich innerlich aufräume und meine Hindernisse beseitige, verliere ich meine Kreativität. Deshalb brauche ich meine seelischen Störungen und ein kompliziertes Dasein, um erfolgreich zu sein.« Hier wird fälschlicherweise angenommen, dass nur Menschen mit einer hohen inneren Komplexität eine ausreichend große Tiefe besitzen, um künstlerisch etwas Besonderes erreichen zu können. Doch der Irrglaube, Leid für ein künstlerisches Dasein zu brauchen, ist das größte Hindernis an der Entfaltung von echter Kreativität. Die Quelle der wahren, spontanen Kreativität ist das Bewusstsein, das wir sind, und nicht das illusionäre Ich, das wir zu sein glauben.

Hier liegt eine Verwechslung vor zwischen Kreativität und überbordender Kompliziertheit. Erst wenn die krankmachenden und komplizierten Egomechanismen schwächer werden und schließlich zusammenbrechen, steht uns das gesamte Potenzial des Seins zur Verfügung. Was jetzt an Kreativität hervorsprudeln kann, ist in keiner Weise zu vergleichen mit nur durch reinen Intellekt produzierter Kunst.

Natürlich gibt es Künstler, die in ihrem Schaffensbereich Verbindungen zur Quelle des Seins haben und in anderen Bereichen des Lebens von großem Leid geprägt sind. Doch Leid ist weder Voraussetzung noch Eigenschaft von Kreativität. Gelegentlich treffen sie zusammen, aber es gibt weitaus mehr Menschen auf diesem Planeten, die wegen ihres Leids nicht in den Genuss ihrer schöpferischen Kraft kommen. Sie würden sich gern auf vielfältige Weise ausdrücken, aber innerlich sind sie fast erstarrt, weil sie nicht mit dem Fluss des Lebens schwimmen. Wollen wir an unserem Leid festhalten, um kreativ zu sein, engen wir uns ein und werden womöglich deutlich weniger schöpferische Leistungen erbringen. Wenden wir uns wieder unserem wahren Selbst zu, haben wir unsere kreative Quelle entdeckt und schöpfen aus der unendlichen Fülle des Lebens.

Verwechsle bitte nicht den kleinen Intellekt eines menschlichen Körpers mit der unermesslich höheren Intelligenz des Lebens. Das, was wir üblicherweise »Intelligenz« nennen, ist nur ein winziges Fragment, das von der einen wahren Intelligenz erschaffen wird. Diese eine Intelligenz, das Leben selbst, drückt sich auch als Gedanken und Gefühle aus, die auf das wahre Wesen unserer Natur hinweisen. Doch häufig hören wir nicht auf die leise, weise Stimme, sondern glauben eher der vorlauten Stimme des Verstandes.

Diese Ego-Stimme findet sich als Spiegel im Außen wieder. Häufig vorgetragene Meinungen von »Autoritäten« aus dem Fernsehen, aus dem Elternhaus und Umfeld, werden für bare Münze genommen und dann als eigene Meinung integriert. Nun können wir nicht mehr unterscheiden zwischen der weisen inneren Führung und einer vom kollektiven Ego durchdrungenen Fremdbestimmtheit, sodass unsere Handlungen und Urteile oft fehlgeleitet sind. Und sollten wir uns dazu durchringen, auf unsere innere Führung zu hören, passiert es häufig, dass wir von anderen Menschen in unserem Vorhaben gebremst werden. Dann heißt es: »Willst du das wirklich machen? Hast du dir das gut überlegt, deine Sicherheiten für dein neues Projekt aufzugeben?« Wer kennt sie nicht, diese »Bremser« im Leben und verflucht sie nicht gelegentlich? Doch auch diese Figuren sind nur ein Spiegel deiner eigenen inneren Haltung und manifestieren sich als Zweifler im Außen.

Wenn dir das geschieht, frage dich, ob du wirklich vollen Herzens dazu bereit bist, ein neues Leben zu beginnen. Die wahre Antwort wird nicht lange auf sich warten lassen. Wir Menschen sind größtenteils so gestrickt, dass wir lieber an bekanntem Leid festhalten als unbekanntes Neuland anzusteuern. Das Ego hat das Steuerrad in der Hand und Angst vor Verlust: vor Verlust der Beziehung, des Status, vor materiellem Verlust und sogar vor dem Verlust einer Krankheit. All das sind hervorragende Identifikationsflächen, und wenn sie wegbrechen würden, hätte die Person das Gefühl, dass nichts mehr von ihr übrig bliebe.

Es gibt viele Hindernisse, die es zu erkennen gilt, bevor man sein volles Potenzial leben kann. Und es ist nicht so, dass du diese Worte unkritisch akzeptieren sollst. Es ist viel spannender und erfüllender, Selbsterforschung zu betreiben und herauszufinden, wer oder was es ist, das diese Dinge über sich, die Vergangenheit, über Kreativität und über das Gefühl, ausgebremst zu werden, denkt. Du wirst herausfinden, dass da niemand in Person ist. Es gibt keinen Denker. Die Gedanken kommen aus dem Nichts, aus einer lebendigen Stille. Alles findet in der Gegenwart statt, auch Gedanken, die auf eine scheinbare Vergangenheit hindeuten. Stelle dir die Einheit vor, wie ein energetisches Gewebe, das sich fortwährend in der Gegenwart umkonfiguriert. Alles taucht gleichzeitig ohne Ursache und Wirkung darin auf: scheinbare Erfahrungen, Erinnerungen, Gefühle, Überzeugungen, Geschichten usw. Damals hast du nichts getan, unterlassen, erlitten oder gelernt.

Auch wenn es vielleicht noch schwer zu sehen ist – du bringst nichts von früher mit, denn du bist nur die zeitlose Gegenwart. Und deshalb kann dich nach dem Erkennen dieser Zusammenhänge jetzt nichts mehr davon abhalten, dein volles Potenzial zu leben.

Über die Seele

Falls nach dem Tod des Körpers das Gefühl eines individuellen Daseins bestehen bleiben sollte, könnte man in diesem Fall von dem Vorhandensein einer individuellen Seele sprechen. Mit »Seele« ist normalerweise der einem Menschen zugehörige, rein geistige Anteil gemeint, der nach dem Tod des Körpers überlebt. Doch wenn sich die Identifikation mit dem »Ich« auflöst, wird erkannt, dass es für das Leben nicht notwendig war. Alles ist eins und darin ist eine individuelle Persönlichkeit nur eine Erscheinung, die sich ohne Weiteres verflüchtigen kann.

In der Nacht, im Tiefschlaf, ist das Gefühl der Individualität vollkommen erloschen. Dennoch lebt das Leben weiter und hält den Organismus in Gang. Ich halte es für wesentlich wahrscheinlicher, dass sich die Identifikation mit der Individualität nach dem sogenannten Tod auflöst. Und somit gibt es auch keine individuelle Seele, die weiter existiert. Das ist aber nicht schlimm, weil Zeit und Raum nur mit dem Vorhandensein eines Ichs verknüpft sind. Ohne ein Ich ist alles einfach so, wie es ist.

Das Leben hat ein allumfassendes Spiel kreiert, und darin tauchen – wie Schauspieler auf einer Bühne – bestimmte Charaktere auf: Menschen. Innerhalb des Spiels glaubt jeder dieser Charaktere, eine Persönlichkeit und ein individuelles Dasein zu haben. Dieser grundlegende Irrtum ist ein Hauptelement im Spiel des Lebens. Eine wesentliche Eigenschaft dieses illusionären Ichs ist die Angst vor dem eigenen Tod.

Gelegentlich hören wir die spirituelle Weisheit, dass das Ego zu Lebzeiten sterben muss, damit Selbstverwirklichung geschieht. Hier ist es hilfreich, auf eine genaue Wortwahl zu achten. Es ist nicht so, dass ein Ich Selbstverwirklichung erfahren kann, sondern das Sein erkennt, lokalisiert in der Körperform des Charakters, kein sterblicher Mensch zu sein. Das Sein realisiert sich selbst.

Demzufolge hat zwar ein Ego Angst vor dem Tod, deine wahre Natur aber nicht. Sie hat sich nur für eine Weile als diese Körperform getarnt, und das Spiel lautet, sich selbst wiederzufinden.

Es ist so, als ob das Sein mit sich selbst Verstecken spielt. Sobald die Identifikation mit dem ängstlichen Ego zerbricht, erkennt sich das Leben als unsterblich wieder und die Angst vor dem Tod ist vorüber.

Einige bewusste Menschen sehnen sich nicht direkt nach dem Tod, aber sie sind schon gespannt darauf, was passiert, wenn der Körper vergeht. Hier ist es ähnlich. Ich habe keine Angst vor dem Tod (und benutze weiterhin die Bezeichnung »Ich«, weil eine verständliche Kommunikation sonst nicht möglich wäre) und bin schon gespannt darauf, was nach dem Ableben des Körpers passiert.

Das ist keine Todessehnsucht, im Gegenteil, denn das Leben stellt sich jetzt leichter, spielerischer und freundlicher dar. Es macht Spaß, an diesem vielfältigen Geschehen teilzuhaben, aber es wird nicht mehr daran geklammert. Diese kurze Zeitspanne ist nichts im Vergleich zu unserer wahren Natur. Mit der Gewissheit, dass die zeitlose Gegenwart ewig währt (was sich wie ein Paradoxon anhört, aber keines ist), verliert die menschliche Lebensspanne auf diesem Planeten an Wichtigkeit. Wenn ein geliebter Mensch stirbt, erscheint auch hier Trauer, aber sie ist begleitet von der friedvollen Gewissheit, dass das Ende der Form nicht das Ende des Lebens bedeutet. Und so wandelt sich natürliche Trauer in Frieden.

Wenn Religionen sagen, dass die Seele in die Ewigkeit zieht, irren sie sich, wenn sie weiter an ein individuelles Ich glauben. Das Leben funktioniert ohne ein Ich, aber ein Ich kann nicht ohne Leben sein. Deshalb ist das Sein die einzige Wirklichkeit. Wenn das als Wahrheit erkannt ist, wird das Konzept einer individuellen Seele überflüssig.

Stelle dir einen Ozean vor, der eine kleine Welle wirft. Diese kleine Welle hält sich für eine Weile für ein individuelles Wesen und übersieht dabei, dass sie nur aus reinem Ozeanwasser besteht. Sie hat eine Form, die sich ständig ändert. Wenn sich diese Form auflöst, wird aus der Welle wieder der ganze Ozean. Die Essenz bleibt gleich, nur die Form ändert sich. Während des Übergangs zurück von der Welle zum stillen Ozean ist kein weiterer Zwischenzustand notwendig. Dies wäre in unserem Beispiel eine Seele, die nach dem Verlust des Körpers irgendwohin wandert, um dann vielleicht auf Wunsch eins mit dem Ganzen zu werden oder zurück in ein individuelles Dasein zu kommen.

Das Ego ist der mit einer Körperform verbundene Glaube an eine individuelle Existenz. Eine Seele wäre die körperlose Fortsetzung dieses Glaubens. Die Illusion eines Ichs erscheint im Hier und Jetzt. Eine Seele erscheint nirgendwo und ist nicht notwendig, damit sich das Leben als das eine, untrennbare Leben erfahren kann.

Ohne mich

Wenn uns endgültig klar geworden ist, dass niemand in Person existiert, kann ein besonderes Gefühl des Alleinseins auftreten. In unserem Partner ist niemand, in unseren Eltern ist niemand und in unserem Haustier auch nicht. Nun könnte der Gedanke entstehen: »Dann bin ich ganz allein im Universum.«

Diese Auffassung nennt man in der Philosophie »Solipsismus«, und sie bedeutet, dass nichts außerhalb des eigenen Ichbewusstseins existiert. Doch du kannst nicht allein sein, weil es weder ein »Du« noch ein »Ich« gibt. Es ist nicht *dein* Bewusstsein, das wahrnimmt, sondern Wahrnehmen findet statt. Nicht einmal ein letztes, »großes« Ich ist vorhanden, das sich als Etikett an dieses eine Bewusstsein heften ließe und eine »spirituelle Alternative« zum kleinen Ego-Ich bilden könnte. Es gibt kein Ich, egal in welcher Form.

Dass sich ein Gefühl der Einsamkeit einstellt, liegt an der immer noch vorhandenen Identifikation mit einem illusionären Ich-Gebilde. Wenn auch dieses »letzte Ich« als Illusion erkannt wird und als gedankliches Konzept wegfällt, erscheint die Erkenntnis, dass es nur Sein gibt. Wichtig ist zu erwähnen, dass mit Sein die »Verbform« gemeint ist, das aktive Geschehen an sich und nicht das Sein als Substantiv. Willst du aus dem Sein ein Objekt oder das letzte Subjekt machen, also wieder etwas, das zu begreifen ist, hast du dich verirrt. Das Sein lässt sich nicht verstehen, sondern nur erkennend fühlen.

Du bist *nicht* das Sein oder das Bewusstsein. Der Zustand des Seins *ist*. Der Beobachter wird eins mit dem Beobachteten und verschwindet. Es ist nur noch da, was ist. Niemand nimmt wahr, Wahrnehmen geschieht. Und das ist alles.

Vom Ich zum Sein

Die Beschreibung einen spirituellen Entwicklungswegs dient nur der Orientierung, denn tief greifende Erkenntnisse können gleichzeitig oder in beliebigen Abständen und Reihenfolgen auftauchen. Es gibt keinen Weg, und alles geschieht spontan so, wie es geschieht.

ANFANG

Ich bin individuell und tue, was ich will.
Ich habe ein persönliches Alter, einen Namen und diesen Körper. Meine Vergangenheit, die Summe meiner Erfahrungen und Talente sowie meine biologischen Anlagen definieren, was ich bin.

Ich bin nicht mein Körper.
Das Gefühl zu existieren bleibt erhalten, wenn mein Körper reduziert wird. Deshalb bin ich nicht mein Körper.

Ich bin nicht meine Gedanken.
Weil ich meine Gedanken beobachten kann, bin ich nicht meine Gedanken. Ich bin das Wahrnehmende dieser Gedanken.

Ich bin individuelles Bewusstsein.

Ich bin weder Körper noch Gedanken, deshalb bin ich das individuelle Bewusstsein, das Körper und Gedanken wahrnimmt.

Ich habe keinen eigenen Willen.

Gedanken, Gefühle und Körperaktionen tauchen ohne mein Zutun auf. Daraus folgt, ich habe keinen eigenen Willen.

Ich bin der Willensausdruck des Lebens.

Weil ich keinen eigenen Willen habe und das Leben mich vollständig steuert, ist dieser Körperorganismus der Willensausdruck des Lebens.

Es gibt mich nicht und ich kann nichts tun.

Weil ich weder Körper, Gedanken, noch eigener Wille bin, gibt es mich nicht. Deshalb existiert kein individuelles Ich, das etwas tun kann. Ohne Individualität gibt es kein individuelles Bewusstsein.

Ich bin nichts.

Ich bin keine individuelle Person und kein individuelles Bewusstsein. Daraus folgt, ich bin nichts.

Ich bin alles.
Wahrnehmen und Inhalte geschehen trotzdem. Ohne Wahrnehmen existieren keine Inhalte und ohne Inhalte existiert kein Wahrnehmen. Wahrnehmen und Inhalte bedingen sich. Deshalb bin ich alles.

Ich bin.
Zu glauben, ich sei alles, ist ein weiteres gedankliches Konzept. Da ich keine gedanklichen Konzepte bin, lasse ich sie alle los. Ich weiß nicht, was ich bin. Ich bin.

Ich bin nicht.
Es existiert kein Ich, egal in welcher Form. Deshalb gibt es kein »Ich bin.« Daraus folgt, ich bin nicht.

Sein.
Sein geschieht in diesem Moment – ein Leben ohne Ich.

ENDE

DANKSAGUNG

Danke an das Leben, das durch Liebe und Herausforderungen ständig an sich selbst erinnert und wach bleibt. Ich bin aus tiefstem Herzen dankbar für die Einsicht, dass wir als Menschen nichts unabhängig vom Leben tun können und absolut frei und unschuldig sind, weil das Leben alles ist und nichts als Freiheit, Einheit und Unschuld kennt.

Begriffe

Befreiung: Die Befreiung des Bewusstseins von der Identifikation mit den Gedanken, dem sogenannten Verstand, und dem dazugehörigen, persönlichen Ichgefühl. Das Erkennen der gleichberechtigten Erscheinungen.

Bewusstsein: Das Erscheinen und Wahrnehmen aller Phänomene, einschließlich des Wahrnehmens selbst. Entspricht dem Sein.

Ego: Das illusionäre Ichgefühl, ein gewachsenes Gebilde. Hervorgerufen durch auftauchende Gedanken und Emotionen, mit denen sich das Bewusstsein identifiziert.

Emotionen: Zusammen mit Gedanken erscheinende Körperreaktionen. Nicht zu verwechseln mit spontan auftauchenden Gefühlen.

Erleuchtung: Höchstes Ziel des spirituellen Suchers. Häufig verbunden mit der Annahme, besondere persönliche Wahrnehmungen, Fähigkeiten und dauerhafte Glückseligkeit zu erlangen.

Erwachen: Die Loslösung des Bewusstseins von einer persönlichen Identifikation. Das Bewusstsein durchschaut den Irrtum, ein einzelnes menschliches Wesen zu sein.

Ich: Ein Wort, ein Gedanke, der im Bewusstsein erscheint. Ich bin nur ein Gedanke.

Identifikation: Der vollständige Glaube des Bewusstseins an die auftauchenden Gedanken, inklusive der dazu erzeugten Emotionen. Gedanken und Emotionen bewirken zusammen das Ichgefühl.

Illusion: Die Vorstellung, ein abgetrenntes, persönliches Wesen zu sein, das ein individuelles, unabhängiges Schicksal hat. Siehe »Spiel«.

Sein: Im Sinne eines Verbs und nicht eines Substantivs. Wahrnehmen. Das, was jetzt ist, inklusive aller Erscheinungen. Wird in diesem Buch gleichbedeutend verwendet mit den Begriffen »Bewusstsein« und »Leben«.

Spiel: Auch »Maya« genannt. Die täuschende Illusion, die verschleiernde Kraft, die das Reale verdeckt und das Unreale darstellt. Das große Bühnenschauspiel. Das Leben versteckt sich vor sich selbst in und als verschiedene Formen und sucht sich wieder.

Verstand: Die auftauchenden Gedanken. Gedanken erscheinen nicht *im* Verstand, wie Zeilen in einem Buch. Gedanken *sind* der Verstand. Die Zeilen, die Gedanken, existieren. Ein Verstand ohne Gedanken, wie ein leeres Buch ohne Zeilen, existiert nicht.

Dirk Hessel

Während seiner Tätigkeit als Heilpraktiker befreite sich das Leben plötzlich aus dem Irrtum, nur ein getrenntes Wesen zu sein. Die Suche war zu Ende. Nach einer Phase des Rückzugs und der Integration entwickelte sich allmählich die Funktion eines spirituellen Lehrers.

www.dirkhessel.com